应知应会 课外系列丛书

YINGZHI YINGHUI
KEWAI XILIE CONGSHU

如何培养学习兴趣

廖胜根◎编

方向。开创成功指明了从自身着眼，为青少年朋友们的条件，为青少年朋友们进所需要的最基础最必要的合作素质等，是青少年朋友在成长道路上顺利前的习惯深厚的文化底蕴及质，过硬的特殊技能，良好较强的实践能力，优良的品健康的身心，丰富的情感

成都地图出版社
CHENGDU CARTOGRAPHIC PUBLISHING HOUSE

图书在版编目（CIP）数据

如何培养学习兴趣 / 廖胜根编 . —成都：成都地图
出版社，2013.5（2021.4 重印）
（应知应会）
ISBN 978－7－80704－714－8

Ⅰ.①如… Ⅱ.①廖… Ⅲ.①学习兴趣－青年读物②学
习兴趣－少年读物 Ⅳ.①G442－49

中国版本图书馆 CIP 数据核字（2013）第 076712 号

应知应会——如何培养学习兴趣
YINGZHI YINGHUI——RUHE PEIYANG XUEXI XINGQU

廖胜根　编

责任编辑：游世龙
封面设计：童婴文化

出版发行：成都地图出版社
地　　址：成都市龙泉驿区建设路 2 号
邮政编码：610100

印　　刷：三河市人民印务有限公司
（如发现印装质量问题，影响阅读，请与印刷厂商联系调换）

开　　本：710mm×1000mm　1/16	
印　　张：13	字　　数：200 千字
版　　次：2013 年 5 月第 1 版	印　　次：2021 年 4 月第 8 次印刷
书　　号：ISBN 978－7－80704－714－8	
定　　价：38.80 元	

前 言
FOREWORD

　　学习是没有止境的，学习科学知识的道路更是没有止境的。但是学习不是一件轻而易举的事情，需要花费大量的脑力和一定的体力，需要用积极的态度开始每一天、每一次的学习，不要视学习为任务，更不要单纯为考试、为师长而学。除此之外，还有一个最重要的因素——学习的兴趣。它是点燃智慧的火花，是探索知识的动力。法国思想家卢梭曾说过："问题不在于教他各种学问，而在于培养他爱好学问的兴趣，而且在这种兴趣充分增长起来的时候，教他以研究学问的方法。"

　　古人说："教人未见其趣，必不乐学。"因此，能否调动我们本身的学习兴趣，关系到学习的成功与否，只有当我们对学习内容产生兴趣，才会乐意去学，才会去积极思维，才会受教育于轻松愉快之中。没有兴趣的强制性学习，只会扼杀少年朋友们探求真理的天性，抑制他们智力的发展。因此，只有在保持少年朋友们学习兴趣的基础上，才能充分调动起他们探索未知的勇气和信心。

　　很难想象一个对学习没有兴趣的人能在学习上付出多少努力，即使被迫付出了，效果也不会很好。人们还发现，凡是学生考试取得好成绩的学科，无一例外地都是因为他们对这门学科有强烈的兴趣。因此兴趣是最好的"老师"，是人们积极探索事物的一种稳定持久的内动力。它能激起大脑的兴奋状态，使人长期学习而不易疲劳，也能最大限度地提高学习效率。

　　这本书就是告诉学生朋友们如何培养学习兴趣、轻松地取得好成绩，而且还能帮助大家对正在使用的学习方法进行一次彻底的分析。用最简短的语言、最真实的案例和最具操作性的方法，使同学们在轻松阅读中掌握每一种方法、学会每一个技巧，并且在实际的学习过程中得到有效的帮助。

Contents 目 录

如何培养学习兴趣

语文篇

数学篇

如何培养学习兴趣

目录

学习方法篇

学习兴趣与学习的关系是什么

　　学习不是一件轻而易举的事情，要花费大量的脑力和一定的体力。很难想象一个对某门学科毫无兴趣的人，能在这门学科的学习上付出很多努力，即使被迫付出了，效果也不会很好。人们还发现凡是学生考试取得好成绩的学科，无一例外的都是因为他们对这门学科有强烈的兴趣。因此兴趣是最好的"老师"，是人们积极探索事物的一种稳定持久的内动力。它能激起大脑的兴奋状态，使人长期学习而不易疲劳，也能最大限度地提高学习效率。你在学习的过程中常会遇到这样或那样的困难，如果对学习不感兴趣，意志又不坚定，就会打退堂鼓。兴趣如同化学反应的催化剂，能促使人集中精力，克服困难，积极主动地不断探索，不断进取，不断取得好成绩。

　　学生要从各方面努力提高学习的兴趣，有了学习的积极性，自然就会获得良好的学习效果。

如何在学习中获得乐趣

　　首先要调整你的身心状态，用积极的态度开始每一天、每一次的学习，不要视学习为任务，更不要单纯为考试、为师长而学。一旦进入学习的境地，你就是你自己。

心理学家曾做过一个试验，证明了学习的积极态度能促使学生在学习中积极思考，并从中培养学习兴趣。试验中，同学们根据自己的学习情况选择一门不太感兴趣的课程，在每天开始上这门课或学习这门课的内容之前，完成以下两个活动：①面带微笑，搓着双手，还可哼唱喜欢的歌曲——总之是做出摩拳擦掌、跃跃欲试的样子，而且让自己感受到这一点；②脑子里不断地想，下面的学习内容将是我能够理解的，它的主要内容是什么？要从几个方面来讲呢？

结果，这个小小的试验极有效地改变了同学们学习前的态度，消除了原来的苦恼，从探索知识中体会到乐趣。

这个试验十分简单，而且一般只需持续 10～14 天便可奏效。你为什么不来试试呢？

开始学习时，让自己乐滋滋地进入学习状态，也许并不太难。而一旦遇到困难，尤其是百思不得其解时，积极的状态就很容易被打破。这时，是绕道而行，是放弃，还是凭借自己的力量继续努力呢？以积极的思维来克服困难，这是我们给你的第二个建议。

只有在学习的困境中，才更能充分地体现积极思考的价值，才更能充分地体味到由艰苦获得成功的乐趣。这时乐趣早已非同一般，因为此时的思维异常敏捷而主动，迎接挑战似乎成为一种需要，你会逐渐达到乐而忘忧、乐而无苦的境界。就像无畏的登山人，他不断攀登乐而忘返的动力在于他清楚地知道"无限风光在险峰"。

总之，学问的海洋碧波跌宕，泛游其中本是一种享受；当海浪狂起，将你抛上一个又一个浪尖时，其中的乐趣更是无穷——而所有这些，都需要你全身心地投入大海中，与它做真诚的朋友！

怎样才能真正地成为学习的主人

要想真正地成为学习的主人，你应该做到：

1. 要确立合理的学习目标，要使之有价值，能实现，且具有一定的挑战性。目标的价值性，是学习活动的意义所在，是学习得以进行的内在根据，是学习的原动力。选择学习目标，既要注意它的个人价值，又要注意它的社会价值，尽量做到二者的统一，从而实现学习目标价值系统的最优化。确立的学习目标要具有实现的可能性，选择学习方案要具有可行性。合理的学习目标应具有价值性、可行性和适当的挑战性。

2. 要有战胜困难的坚韧毅力。毅力是学习成功的必要条件。学习中的毅力，主要表现在能够克服不利的学习条件和战胜学习活动中所遇到的困难。有顽强的毅力和不屈不挠的精神，加上科学的方法，就没有不可克服的困难。

3. 选择合理的学习方法。通往目标的道路有千万条，要想尽快达到目标，就有选择走哪条路的问题。合理的方法就是达到目标的最佳途径。选择合理的学习方法，必须遵循有效、省力、省时的原则。

4. 实行良好的自我控制。能不能实现学习目的，学习能否成功，全在于具体的学习实践，而善于加强自我控制则是顺利进行学习的重要保障。在学习过程中应加强自我控制，排除杂念，放松入静，安定心神，专注于具体的学习内容。此外，在学习过程中加强自我控制，还包括正确运用学习方法、合理分配学习时间、及时反馈学习效果、科学把握学习进程、集中精力攻克学习难关等。

做到以上 4 点，你就能在学习中战胜困难，不是被各门功课牵着鼻子走，而是真正地成为学习的主人。

为什么说学习是多姿多彩的生活

常听到有些同学抱怨学习乏味、生活没劲。这不禁使我们想到这样一句名言："太阳每天都是新的，感受不到这种变化的人是多么不幸啊！"学习也是如此，没有了学习的生活是多么乏味和无聊啊！

在我们的社会中，工人要上班，农民要种地，科学家要搞科研，三四岁的孩子要上幼儿园。简单地说，这就是他们各自的生活。学生的生活是什么呢？学生的生活就是学习。

"多姿多彩"是人们形容生活常用的词汇。从学习中你可以体味人间丝丝温情、浓浓爱意，它来自父母、老师、同学、朋友；从学习中你可以吸取奋斗的力量、拼搏的勇气；从学习中你可以品尝失败的痛苦、挫折的酸涩；从学习中你可以清醒地认识自我、发掘自我、创造自我；从学习中你可以经历成功的欢乐、胜利的喜悦……这些就是学习的全部内容。

今天的学习是以后生活的基础。在学校里，你可以获取广博的知识，将来步入社会，前途就会更光明。反之，在学校里得过且过，终日混混沌沌，你不仅会失去深造的机会，即使步入社会，也会感到很不顺利。

同学们，从现在开始下定决心，努力学习，顺利地度过学生时代，把学习看成一个光荣的使命去完成它，让学习成为五彩缤纷的生活。

把学习当成你的生活吧！

怎样克服学习上虎头蛇尾的毛病

学习上虎头蛇尾，往往是对学习的艰苦性认识不足。求学是一件苦差事，走一步，留一个脚印，花一番心血，取得一份收获。不少有志气的人，为追求学问，呕心沥血，几十年如一日，终于取得独到的收获。

学习能否取得成绩，持之以恒是关键。要办好一件事，开头大都能办到，有始有终却不多。古话说，"百里九十而半"，意思是说，走一百里路，走过了九十里，只能看做走了一半。因为走最后的十里，人已经筋疲力尽，特别难行。体育竞赛时，人体有个"极点"，极点时，人体的承受力似乎已到了尽头，一旦超越这点，精神就能高度焕发，从而为夺魁奠定基础。学习要有始有终，克服这个"极点"，即在感到求知最困难时，咬咬牙关闯过去，也就可能取得成功。

闯过"极点"，有几个办法：

1. 制订计划，严格按计划行事。如一天什么时候做功课，什么时候读书，什么时候玩耍，都一一依计划而行，绝不随便迁就，久而久之，使之形成习惯。意大利著名演员索菲娅·罗兰在成名以后，还注意按计划作自律。她每天五点半起来，即使度假也不例外。每天早晨强制要求自己做一个小时的体操运动，以保持自己的体形和精神。

2. 设计行为，约束自己。如在电视机前画条线，功课没完成，绝不超越这条线，擅自收看电视。法国大文学家雨果为了完成巨作《巴黎圣母院》，把所有衣服全部锁起来，只剩下一件长到足踝的毛外套。这样就逼迫自己不半途停止工作，因外出等而妨碍著作的完成。

3. 拒绝外诱，无论别人以什么方式，用什么美妙动听的话语，只要有可能让你分心，不利于学习，都一概拒绝。我国著名学者钱锺书积几十年苦心，写出 160 余万字的著作《管锥篇》。他闭门做学问，对外界的赞誉充耳不闻，他绝对不让人采访。他曾在电话里对一位慕名求见的英国女士说："假如你吃了个鸡蛋觉得不错，何必认识那个下蛋的母鸡呢？"他实实在在地把学问做到底，绝不因虚荣或成名后可能得到的享受而半途而废。

另外，还可以交益友，寻督促，帮助自己树恒心。

学习上好高骛远，怎么办

少年气盛，"如有长风吹，青云在俄顷"，不少同学希望学习上乘长风，上青天，取得极大成功。从主观愿望来看，这当然是可以理解的，但从学习实际来看是不可取的。因为万丈高楼起于平地，千里之行始于足下。学习是一种科学，只能一点一滴地积累，一步一步地提高。欲速则不达，好高骛远，其结果必定跳不出小圈子，跃不上高层次。这个道理大家都知道，不必多说。

那么如何才能摆脱好高骛远的习性？这里有两点需要注意。

1. 追求目标与实际能耐相差不能太大。目标高高的，实际能耐低低的，两者差距越大，成功的可能就越小。学习上有高目标当然不错，但关键要有达到高目标的实际本领，不然目标再高，不过是镜中花、水中月罢了。有一则寓言说，鸡和凤凰外貌原差不多，它们都想成为禽鸟之王，但是鸡只是天天喔喔喔地唠叨个不停，"我要成为禽鸟之王，我要成为禽鸟之王"，只偶尔练练嗓子，只要声音嘹亮就满意了。有时也练练飞翔，但能栖立矮树枝上就以为天下无敌了。凤凰却不是这样。它练嗓，又学画眉的婉转，又学八哥的巧舌，又学黄莺的善歌；它练翅，能像苍鹰那样高翔，能像大雁那样远飞，能像信鸽那样辨识目标；它还修饰自己的外表，像锦鸡那样鲜艳夺目，像天鹅那样纯洁娴静，像孔雀那样雍容华贵。终于凤凰成了禽鸟之王，而鸡只是普通的家禽。由此可见"志"与"才"的统一是十分重要的。"志"是大河彼岸的黄金果，"才"是渡大河的舟楫、桥梁，有了舟楫、桥梁才能夺得黄金果。

2. 目标不要太多。当今世界，日新月异，各个领域的高目标不胜其数，即使一个领域也不可能每个角落都钻深钻透。宋朝的文学家苏轼曾很深刻地指出：一个人追求目标过多终究难以成功，如果某一方面达不到精深的地步，何必面面俱到、浮于表面呢！俗话说，"贪多嚼不烂"，我们在打基础时可以学得广一些，但确定志趣时却应该专一些。美国伟大发明家爱迪生，从小就专注于科学发明，任何其他目标都不能分他的心。结果一生发明惊人，达上百项，其中包括电报、电灯、留声机等划时代的科技作品。意大利文艺复兴时期的著名画家达·芬奇兴趣极为广泛，他是飞行器的设计创始人之一，同时又是建筑设计师。但是他主要的志趣却放在绘画上，同时把艺术想象和科学知识结合起来，把绘画表现技巧推向新的水平，结果创作出《蒙娜丽莎》和《最后的晚餐》这样的传世之作。

当前，同学们正处在打基础时期，学的面自然应该广一些，但即使如此，也仍有一个分阶段针对不同学科和不同目标，集中精力打攻坚战的问题。以后随着学习的不断深入，在学习目标上就要根据志趣与需要，择一专攻，以利于钻出成绩，绝不贪多务全。

学习中遇到疑难总想绕着走，怎么办

《西游记》中，唐僧一行路经火焰山受阻时，八戒提议改路：南方、北方、东方都无火，别去西方了。可是佛经在西方啊！当然最后还是悟空三借芭蕉扇扇灭大火（克服了困难），才得以继续西行取经。这则故事对我们的学习以至未来的事业都是很有借鉴意义的，悟空与八戒，同学们选择谁？答案应很明确。但是实际生活中，我们一些同学总存在着一种畏难情绪，常常一遇困难首先想回避、绕开而不去解决它，久而久之在这门课、那门课上累积的疑难变成了"拦路虎""火焰山"，再也绕不过去了。

怎样使自己克服畏难情绪学习好呢？

1. 思想上告诫自己，理智上要求自己。任何一门课总有难有易，逢难必退将使我们学不好每一门课程。除非不打算完成学业，否则非下决心解决畏难情绪不可。思想、理智上强烈的自我意识、动机要求是解决畏难情绪的前提条件。

2. 选择科目，分辨每门科目中的难易，先突破一点，以点带面，逐步消除畏难情绪。作为学生，对各门科目的喜好程度总是不一致的，就选你比较喜欢的科目为突破口；在某一科目中，有极易、稍难、较难、极难等层次，就选稍难为突破口。因为这两者的选择可使你的心理适应性较好、需克服的难度也能接受，取得成功后，本科目继续深化，同时向其他科目扩展。

3. 用正面刺激强化消除畏难情绪的行动。同学们都不愿不如别人，那就由此激发自己的自尊心、自强意识。应该对自己开始克服畏难情绪后的每一个进展予以充分肯定，受到鼓励后强化它，更进一步取得新进展。

4. 要克服畏难情绪，也不能只是自己硬着头皮"啃"，可以寻求老师、同学的帮助，也可以找他人带自己，先把前面累积的困难解决掉大部，还可以在解决疑难中吸取他人的学习方法。只要不是他人包办代替而是以自己为主，融入自己的努力、真正是自己的收获，那就都是可以允许的，都是有助于自己尽早解决实际困难和消除畏难情绪的。

总之，不论就中学时期知识学得扎实而言，还是从为了将来准备良好心理素质而言，畏难情绪都是必须消除的，经过自身思想、行动上的努力也是完全可以消除的。愿你是一个知难而进的强者！

学习成绩老上不去，感到灰心丧气，怎么办

虽说"勤奋出真知""一分辛劳一分才"，可是有些同学平时学得也挺刻苦，成天埋头于书本作业之中，上课听讲、记笔记，成绩却老上不去，自己也感到灰心丧气、悲观失望。对于这样一种情况，同学们不要急躁、更不能沮丧，我们先一起来分析一下原因何在：

1. 学习方法的欠缺。方法得当与否决定着我们的学习和工作是"事半功倍"还是"事倍功半"。

2. 是否总是埋头苦学而缺乏有张有弛的必要调节，使自己处于"疲沓"的状态中。

3. 可能有某种程度的学习障碍症存在，如言语表达不畅、动作缺乏灵活、注意不易稳定、观察不够精细、空间知觉差、判断能力和评价能力不足等。

进行了分析之后，我们应注意从以下几方面来加以解决：

1. 不可自我贬低，而应树立自信。不能丧失信心，自认不是学习的材料、怎么也学不好，如果这样的思维定式形成和加深，那就更难突破，真的学不好了；相反，坚定地相信自己经过努力，成绩就一定能够上来是很重要的，它能维持和加强目前自身的刻苦状况，推动自己去探索学习好的途径、方法，使自己有可能真正学好。

2. 注意总结、吸取有益的学习方法，改进目前的"光投入、无方法"的低效学习状态。每门课自有其一套知识体系，也有其相应的学习要求，不能不分门类、通通以一种学习模式去学，而应注意语文怎样学、英语怎样学、数学怎样学……各有不同，才能分别学好。如预习不是不加思考地看一遍，而是明确内容、画出重点、标出不明白的地方以做到有准备、有侧重地听课等。学习方法是很多的，涉及各个方面，我们可以向老师、向学习好的同学、向一些介绍学习方法的书籍求教，取我所需，为我所用。

3. 注意弛张得法，劳逸结合。对每天、每周以至每月的时间进行规划，恰当地安排自己的饮食起居以保证身心康健充满活力，应该安排学习活动

与其他活动的适当比例和间隔进行、安排各门功课的交替过渡，这样比成天钻在课本上、作业中更能促进我们的学习，否则头脑越学越混乱，接受、理解、思考能力都大受影响。

4. 针对表现出的学习障碍问题，加强训练予以解决。这种训练可请别人（如老师）指导和帮助，如锻炼语言表达，首先要勤于说、敢于说，力求语句的连贯顺畅、意思周密，讲究文采，逐步达到善于说，同时也就善于听讲、善于理解和思考了（因为思考是用语言工具来进行的）。其他障碍问题也可通过相应的训练解决。

能够刻苦学习，这是很可喜的，再加上科学的学习方法、合理的时间精力配置、全面的学习技能，你一定能够真正学好，甚至后来居上！

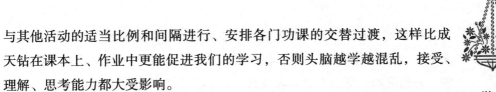
如何缓解学习压力

在学校和家庭往往以成绩来评判学生优劣的情况下，一些心理素质不太好的同学往往感到学业负担太重，对自己能否学好各门功课失去了信心。如何减轻学业的压力呢？可以试试下面几种办法：

1. 热爱生活和学习，树立正确的人生观。一个人从求学开始就需要培养自己永远进取、自强不息的精神。变被动学习为主动学习，并能从学习中感到乐趣，即使学习中遇到挫折和失败也能乐观对待，找出原因，改进方法，就一定可以学好。

2. 要遵循实事求是的原则，制定恰当的目标。目标太高了，总是实现不了，就会产生自卑心理，以为自己太笨，这也不行，那也不如别人。应该根据自己的实际情况客观地分析自己的现状，比如看看自己的强项是什么，弱项是什么，在保持优势科目的情况下逐渐提高弱项。

3. 要和学业好的同学交朋友，并多和老师交流。如果在我们的身边有许多勤奋好学的同学，我们一定会从他们身上汲取前进的动力。学习遇到困难时我们可以向他们或老师倾诉心里话，求得真诚的开导和帮助，以减轻心理压力。

4. 培养广泛的兴趣，充实自己的业余生活。要知道整天埋头学习效果未必好。业余要安排好生活，如外出散步，借助美丽的自然景色，陶冶情操，开阔胸襟。可以开展一些文体、绘画、书法等方面技能的锻炼，在充实和丰富自己的业余生活的同时，也帮你转移了目标并分散了注意力。

5. 用笑来忘却烦恼。当作业多、考试多或者成绩不理想时，多笑一笑，和同学逗逗乐，说一些幽默的话，可以使紧张变为轻松。成才的路有上千条，学业的好坏也绝不是评判人高低优劣的唯一标准。暂时不行也不能说明以后的情况，很多名人开始读书的时候也并不很出色的。

6. 掌握正确的排遣悲观情绪的方法。"大雨过后有晴空"，如果压力过重，就想办法宣泄出来，方法有两种：

（1）理智性的合理宣泄。如对自己的好朋友或父母诉说心中的委屈和痛苦，或记日记，让心中的苦水顺笔端流泻出来。

（2）情感的合理宣泄。据说，有一个总统的办公室设有一装满细沙的沙袋，每当总统大人怒不可遏之时，便挥舞双拳猛擂沙袋。我们不妨照此办法，在感到压力过重时，可在适当场合，大哭一场，一任泪水横流；大叫一番，一任怒火喷发。之后回归平静。

俗话说，"条条道路通罗马"，在我们求学的道路上，每一个青少年学生都应该轻松愉快地去学习，在知识的天地里自由翱翔。"山重水复疑无路，柳暗花明又一村"，即使遇到失败也不必背上沉重的包袱，相信自己成功的那一时刻总会到来。

如何改进你的学习

要成为一名优等生，你首先就应该使自己成为一个富有成效的人。在生活和其他事上，也应条理分明，比如在平时的钱物使用、活动安排、饮食起居、身体锻炼等方面，你都要有计划、有目的地进行。

为了提高学习和生活效率，你可以这样去做：

1. 锻炼身体，强健体魄，增强大脑的活力。

2. 掌握有效的学习方法，这会使你的学习达到事半功倍的效果。

3. 有强烈的兴趣和动机，而且对自己的能力有自信。

4. 心理健康开朗，情绪稳定。

当然，这只是一般原则。让我们来看看目前许多的研究成果是怎样描述一名优等生的：有一个好的学习计划；按照时间计划学习；每天通常在同一时间学习；通常在固定地点学习；每次学习时间不过长，经常有休息，听课后立即复习笔记；不将作业留到最后一分钟才做。

由此可见，尽可能地掌握一些技巧和方法，对提高学习效率是十分必要的。如果能为自己制订一套切实可行的学习计划，对学习会有极大帮助。

要想改进你的学习，就尽快制订一个完善的学习计划吧！

如何顺利完成自己制订的学习计划

学生一般都能意识到制订一份学习计划的重要性。学习计划就像一份自己与自己签订的有关学习内容、数量、时间的"合同书"，有了它，就可以使自己的学习活动更具目的性，不必每次都临时考虑应当干些什么事，也可以对自己形成必要的约束力，以保证学习的顺利进行。学生制订学习计划时往往都有很高的积极性，但在具体实施中，有的同学却做不到，怎么办呢？

1. 你应该检查一下计划中的时间安排是否合理。同学们在制订计划时，容易产生的问题是只考虑了学习这一件事，然而，学习不过是学生生活的一部分，生活中还有文化娱乐、体育锻炼等内容。因此，在制订计划时，要注意从所有的时间中找出一段合适的时间作为学习之用。这"合适"有两层意思，既指时间长短合适，也指要选择学习效果最好的时间段。

2. 对于自觉性比较强的学生，可以在计划中给自己规定一些具体的目标，如每天完成一篇日记等。你还应该冷静地思考一下这些目标是否符合你的实际情况。如果目标定高了，不妨降低一些，只有切实可行的计划才有可能做得好。

3. 锻炼、提高自己意志力、自控力。你的学习计划也许是合理的，但问题出在你的意志薄弱，不能坚持实行自己制订的学习计划。这样，你应该提高控制自己行为的能力。

4. 请老师和父母检查督促自己，以保证学习按计划进行。

提高学习效率的首要条件是什么

要想提高学习效率，首先必须有 3 个条件：

1. 有学习的能力；

2. 有学习的欲望；

3. 掌握良好的学习方法。

每个人的学习能力一般是差别不大的，而在学习欲望和学习方法两方面的差别才是造成学习优劣的根本原因。也就是说，会不会学习才是能否提高学习效率的关键。学会学习是一种帮助你学好各门课程的技巧，是你成长和发展的巨大推进器。

所以，要提高学习效率，首先就要有正确的学习方法。

学习中如何养成循序渐进的良好习惯

做任何一件事，都需循序渐进，学习也是如此。

1. 把总的学习目标划为若干个小的学习目标，分成一个个小的步骤来完成。把一些大的、比较难的学习目标，变成一些小的、一次可以攻克的目标，这样可以使你一步一步地推进学习。每一个小目标的实现将使你每天、每阶段的学习都充满成就感，在学习一开始最需细细体会，切勿匆忙前进。

2. 确保小步骤连续不断地前进。无论把学习化成多么小的步骤，只要坚持不间断，就能达到目的。中国有句俗话说得好："不怕慢，就怕站。"老革命家徐特立学《说文子中字》的部首 540 个字时一年读完，每天只读两个字，他就是凭着每天这么一小步，最终达到目的的。

3. 在一段时间里学习目标保持专一。如果你要订出一份当前的学习计划，确定最近一个时期的学习目标，那么建议你千万要有所舍取。目标专一，这是循序渐进的一个重要保证。哲学家德谟克利特曾告诫人们："不要企图无所不知，否则你将一无所知。"在有限的时间里，学习目标繁多，又都不忍割舍，结果只能导致朝三暮四，无一有成。急于求多和急于求成一样，最终只能离目标越来越远。只有目标专一，才能循序渐进，学有所成。

能做到以上3点，你的学习就进入了一个有序的阶段，养成了一个良好的学习习惯。这也为你未来的生活和工作打下了一个良好的基础，有了一个良好的开端。

上课为什么不敢举手回答问题

上课举手回答问题是配合老师授课的一种方式。老师在讲新课前的提问是检查同学们对上节课的内容是否掌握了，而新课中的提问，则有利于了解同学们对新知识的领会情况。由于老师不能逐一地请所有的同学来回答，因此，提出问题后，就要看同学们是否能积极举手回答了。如果同学们举手很踊跃，给老师的反馈是可以再讲些新内容；如果只有个别同学举手，老师就要把所讲的内容再重复一遍。积极地同老师配合，有利于同学们充分利用课上时间学习。

但是，有的同学不敢举手回答问题，怕回答错了，被同学取笑。其实，这种顾虑是完全没有必要的。为什么会出现这种情况呢？

1. 有的同学生性胆小，性格内向，不敢当众讲话。

2. 对课堂知识的理解总比其他同学慢一"拍"。当老师提问时，自己还处于一知半解的状态。

3. 有的同学以前很爱举手，但由于一次回答失误，被同学当做了笑柄，产生了顾虑。

由此可见，上课不敢举手回答问题，主要是心理原因造成的。你要努力克服心理障碍。

怎样克服上课不敢举手回答问题的毛病呢？

1. 从最有把握的问题开始回答。做任何事情都有第一次，举手回答问题同样如此。那么，从最简单、最有把握的问题入手，获得成功，就会增强信心。次数多了，举起的手不再沉重了，心跳也不再加快了。

2. 注意听讲。同学们要想回答正确，就必须时刻跟着老师的讲课思路走，思想不能开小差。否则当老师提问时，就会不知所云，不敢举手。

3. 要有举手意识。积极回答问题，可促使同学们专心听讲，勤于思考。千万不要认为举手回答无关紧要。只要会回答，就举手。

4. 不要去理睬个别同学的嘲笑，要相信绝大多数同学都是友善的，他们的笑声是无意发出的，至于那些不怀好意的嘲笑，就当是对自己的鞭策。

5. 不要因噎废食。人难免要出错误，俗话说得好，"智者千虑，必有一失"，何况你是学生呢？即使回答错了，经老师一纠正，印象更深刻，以后再遇到类似的问题就不容易出错了，同时其他同学也可以引以为鉴。

总之，同学们不要因为怕回答错而不敢举手。从回答问题开始，培养自己在大众面前讲话的能力，提高自己的语言表达能力，对每个同学的发展前途都是有好处的。

回答问题时感到紧张怎么办

课堂上常有这样的情况：有的同学在被老师叫起来回答问题时十分紧张，面红耳赤，结结巴巴地说不清楚。这里，我们想和这些同学谈谈心，探讨一下"为什么"，研究一下"怎么办"。

原因之一是学习准备可能不充分，临阵惊慌。从心理学角度来说，凡是功课准备充分的，就会在大脑皮层上建立起巩固的暂时神经联系，一般都不容易被抑制；而准备不充分，暂时神经联系脆弱的，就容易被抑制。所以，准备充分是避免出现紧张的根本办法。

也有可能是存在心理障碍。有的同学本来就怕在大庭广众之下讲话，在老师提出问题时，就已经十分紧张了，担心叫到自己，脑子被"千万别叫到自己"的想法所充满，一旦真的被叫起来，当然更是紧张了。这种同学需要克服一个"怕"字，在被老师叫起来后，应学会很快镇定自己的情绪，迅速理顺思想，然后不慌不忙地回答问题。

有思想包袱也会造成紧张。成绩不好的学生自信心差，担心自己回答得不对，引起同学的讪笑；成绩好的学生面子观念重，担心回答错了会有损自己"好学生"的形象。说到底，这实际上也是一种心理障碍，只有排除这些杂念，才会使自己处于放松状态。

还有一个原因可能是反应较慢，思考问题的灵活性较差。这样的学生叫他坐下来用笔慢慢地解答问题，或许不会感到困难，但要他面对老师的提问立即作出反应就有困难，会引起紧张。

要使脑袋瓜灵、反应快，唯一的方法就是多多练习。如平时常常做一些智力训练题等，这可以培养我们的"急智"。

上课时注意力总是不集中，怎么办

注意力对我们每个中学生来说是非常重要的。有许多事例证明，在上课或在自学时，注意力是否集中，对学习效果是有很大影响的。一般来说，注意力集中的，效果肯定较不集中要好得多。如果上课时注意力老是不集中，该怎么办呢？要解决这个问题，有必要了解注意力的有关知识。

注意力是指人的心理活动对一定事物的指向和集中的能力。指向性和集中性是注意力的两个特点。指向性显示出人们在认识事物的过程中，并不是把当时所有刺激物都作为自己认识的对象，而是有选择地将一定的事物作为认识的对象，例如，上课时，学生注意听课，他的心理活动就指向老师的讲述。集中性显示出注意力不仅有选择地指向一定的对象，而且相当长久地坚持指向这个对象。如专心听课的学生，他的心理活动不是指向当时对他起作用的一切刺激物，而是只指向老师讲的内容，并且长时间地指向这些内容，排除一切局外因素的干扰。我们常说的"注意力不集中""上课不注意听讲"，并不是说我们的注意力没有指向性、集中性，其实是说，学生听课时的心理活动没有指向当时应该指向的对象，没有集中在当时应该注意的对象上去。

由上可见，容易导致注意力不集中的原因主要有：

1. 注意的目标不明。即指向性不明确或者说注意力没有指向应该指向的对象。

2. 对所上的课没有兴趣，难以集中注意力。

3. 外部环境的干扰难以抗御等。

要想集中注意力必须做到：

1. 注意培养对所上课目的兴趣。只有我们对所上课目产生一定的兴趣和爱好，才可能去关心它、注意它、了解它，才能使自己的注意力被吸引。把自己的注意力指向和集中于我们所感兴趣的事物上，以做到专心听讲。

2. 明确上课的目的性、重要性。只有明确了目的性、重要性，才可能自觉地培养兴趣，也才可能有意识、有目的地将注意力指向某一特定的对象，排除其他事物的干扰。例如我们明确了学习的目的性和重要性，就会把自己的注意力集中在与学习有关的事情上。同时也会自觉地去排除各种干扰，把注意力集中于学习。一般地说，学生对学习目的性和重要性认识越清楚、深刻，他的意志也越强，注意力也越能集中。

3. 排除各种外部干扰因素。

（1）进行必要的心理暗示。如通过语言、指令等各种暗示来唤起、转移、加强、巩固和调节自己的注意力，使之恢复到应该指向的对象上；时常检查自己的注意力是否集中在应集中的对象上，并及时调整、巩固等。

（2）少参与或不参与和学习无关的活动，不做有影响或有害于学习的事，以免分心，分散注意力。

（3）积极参加班级和学校的建设和管理，为学习创造良好的环境。

总之，导致注意力不集中的因素是多方面的，只要作具体的分析，有针对性地加以解决和克服，是能够改变这一现象的。

上课听不懂老师讲的内容，怎么办

上课听不懂老师讲解的内容，是一般同学在学习过程中大都碰到过的问题。遇到听不懂的问题，如何解决呢？

1. 坚定信念。有的同学尽管在现象上与周围同学确实存在着一定的差距，但是绝不能自甘落后，相信自己在老师和同学的帮助下一定会跟上大队。用这种不达目的誓不罢休的信念作为自己克服困难、跋涉前进的动力，注意时刻告诫自己，坚持下去，总能克服困难，绝不悲观失望。

2. 加强基础。要懂得自己上课听不懂的主要原因是基础不牢，那么要在基础上下功夫。在努力接受新知识的同时，制订复习计划，将老师以前讲授的内容分成知识点，像炸碉堡那样一个一个地攻克。这样，就会在不停顿的知识积累中领略从未有过的快慰并因此而不断激发求知欲，产生积极的能动反应。

3. 勤学好问。这点对于基础较差的同学尤为重要。要在一定的时间内大容量地接受知识信息，不虚心地请教老师、请问同学，扫除知识障碍是很困难的。要努力使自己进入那种不耻下问、求知若渴的境界。

4. 注重方法。作为一个学生，谁都想让自己的成绩名列前茅。可是，要达到目的是很不容易的。在积累知识的过程中，学习方法的正确与否起着关键的作用。"三先三后"是在同学中用得比较普遍的方法，不妨勤用。"三先三后"即先预习后听课，先复习后作业，先思考后质疑。

5. 分清主次。基础较差的同学必须清楚自己花相当大的精力去巩固已学过的知识，目的是为了更好地撷取新知识。接受新知是我们的主要任务，而复习和巩固是为了更好地接受新知，否则，将长期陷入补旧求新的恶性循环中。

课堂上别人讲话影响自己听课，怎么办

有这样一个故事，物理学家安培漫步在大街上，突然想起了一道难题，顿时全神贯注地思考起来，达到忘我的境地，竟然在一辆马车车厢后演算，原来他把车厢当做了家里的黑板。马车开动了，他浑然不知，跟着前行的马车继续演算。路人哄然大笑，可安培仍沉浸在演算的乐趣中，毫无察觉。

可不是吗？人在注意力高度集中的时候，对注意之外的事物往往视而不见、听而不闻。心理学家做了一个有趣的实验：让被试者左右耳同时戴上耳机，同时输入不同的信息，让被试者说出某一只耳朵获得的信息。绝大多数人对做这件事都无多大困难，这说明注意是有选择性的。

课堂上有人说话，对自己听课的确有影响，但这种干扰是可以克服的。安培所散步的大街，众多的人、众多的事对他的思考来说，干扰可谓够大了，可他却能把注意力高度集中在演算题上；从两耳输入的两种不同信息中，捕捉一种信息，难度可谓够大了，这同上课时旁边有不守纪律的同学讲废话的情况多么相似，在这种情况下，我们应把注意力集中在老师的讲课上、集中在同学的答问上。

怎样才能集中注意力？

1. 懂得学习是自己将来工作、生活、为人类作贡献的需要能集中注意力。

2. 明确学习的目的、任务能集中注意力。

3. 语言的调节也能使被无关事物吸引的注意力转移到听课上去。

具体方法是自言自语地提醒自己："不要理他！专心听讲！"这就是我们常说的毅力，即自我控制能力、抗干扰能力和不畏困难并与之作斗争的能力。

以上是从自己主观努力的角度采取的措施。另一方面，还应主动提醒讲话的同学不要干扰他人听课，尊重他人，尊重自己，让他懂得"浪费别人的时间等于谋财害命"的道理。如好言相劝、晓之以理无效果，则可以让老师和同学们共同帮助他，让他自觉接受纪律的约束，使他改正。

早起学习又怕影响白天上课，怎么办

"一日之计在于晨。"在一夜甜美的睡眠过后，早晨精神焕发，正是读书吸收率较高的时候。许多同学都有晨读的习惯，不少学校也都设了早自习，以充分利用这段宝贵的光阴。有的同学也想早起学习，可又怕影响白天上课，怎么办呢？

1. 我们要明确，早起学习和一天之间所有的活动一样都应该有规律。生理学认为，人体是一个"生物钟"，一切生理活动都有一定的节律。每个学生在一天中所有的活动应该尽量保持某种适合自己情况的规律，形成良好的生活习惯，正像苏联学者巴甫洛夫所说的："可以形成有益于人体健康的'动力定型'。"一定的时间做一定的事情，可以使得大脑和身体的机能活动都更条理化。早晨读书也是一样，若有晨读的习惯或学校有晨读的规定，那就要持之以恒。

2. 内容要适当。早晨学习不适宜做很多习题，特别是难题，否则大脑皮层过分紧张就会影响白天上课。晨读宜于读一些需要记忆的知识。

苏联心理学家沙尔达科夫的实验表明：分散识记比集中识记效果好；就是分散识记，间隔也要适当。这表明记忆的时间安排过于集中，会影响记忆效果。因此，每天坚持晨读对于知识的记忆是极为有益的。只要晨读时不用脑过度，是不会影响白天上课的。

3. 不要起得太早。晨读影响白天上课往往是起得太早的缘故。只要合理安排时间，例如每天早晨念半小时或参加学校半小时的晨读一般就不会影响白天上课。

4. 要因人制宜。由于每个学生自身的生理机能和心理特点不同，生活习惯也不尽相同。假如学校没有关于晨读的规定，自己晨读一个阶段后确实影响了白天听课的效果，那也就不必再勉强早起晨读了。

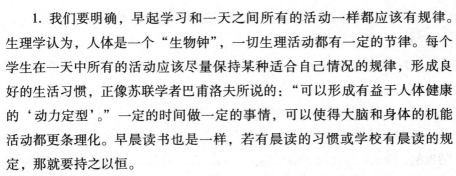

学过的例题不会举一反三，怎么办

学过的例题不会举一反三，是同学们中较为普遍的现象，从心理学的角度看，主要有以下几方面的原因：

1. 知识的泛化。简单地说就是对知识掌握不牢，概念不清，公式理解不透彻，导致做题时无法灵活运用。

2. 定势的影响。从某种意义上说就是按一种固定了的思路去考虑问题，这对解决同类型问题是有利的，而对解决不同类型问题则易形成思维僵化。

3. 动机过于强烈。解题的动机过于强烈，大脑会产生保护性抑制，导致做题无法深入。

此外还有对题目理解的绝对化、片面性以及做题者的怕动脑筋和畏难情绪等。

那么，怎样克服上述问题呢？

1. 以强化对泛化，促进知识的分化。针对知识因掌握不牢而出现泛化的现象，应采取强化知识的措施。比如，自己对易混淆的概念、难理解的公式有意做多次强化练习或复习，在做题中达到明晰分化，运用中加深理解，从而牢固掌握所学知识，达到举一反三的目的。

2. 要养成细心的学习习惯，消除定势对学习的消极影响。不管是作业还是考试，都要先审题。比如，老师在例题中讲的已知 A、B、D 条件，求知 C，而需做的题目是已知 B、C、D，求知 A，此时就要谨慎地审题，防止心理定势的消极影响而造成举一不能反三。

3. 必须明白做题只是知识巩固的一种手段，不是最终目的。不要把结果看得过重，动机不要过于强烈，因为人处于高度紧张的焦点也会阻碍问题的解决。如因一时紧张而"卡壳"的问题不妨暂时放一放，把注意力转移到其他题目上来，等到稍平静些再回过头来解决它。

4. 学会再造想象和创造想象。其一，联想，就是利用事物的联系进行想象，这个联想包括相似、相关、相反、因果等关系。其二，串想，就是以某一种思路为"轴心"，将若干个想象活动组合起来，形成一个有层次的、有过程的，并且是动态的想象活动。其三，推想，就是根据已掌握的材料，对事物的发展作出推测的想象。其四，假想，就是利用已知的条件，作出假设想象。

5. 培养自信心和保持好奇心。一个人一生的成功离不开"自信心"，有了它，就会充满朝气和活力；有了它，就会产生追求，就会积极进取和获得成功。解题概莫如斯。此外同学们亦要克服害羞、爱面子的心理，敢于提出问题、探求问题，掌握做题方法的多样性，从而达到举一反三的最终效果。

学过的定义、定理、公式不会应用，怎么办

教科书中的定义、定理、公式为了醒目，一般用黑体字印出，有些同学常常死记硬背黑体字，以为这样就是学会了。然而，在做习题、考试或是解决一些实际问题时，却不会应用这些定义、定理、公式，怎么办呢?

老师教课时总是先举出一些具体事例，通过讲解、演示等方法，然后才归纳出定义、定理、公式，教科书也是这样编写的。因此，要认真阅读课本、听课，仔细观察课堂演示和动手做实验，要特别注意定义、定理、公式成立的条件，弄清它们是如何推导出来的，掌握推导的思路和技巧。这样才能深刻理解那些定义、定理和公式的内涵，为应用打下良好基础。

要独立完成习题，这既是进一步巩固和掌握学过的定义、定理和公式，也是在尝试应用。做题前要先复习一下有关内容，解题中遇到了障碍还可再次进行复习。这是一个"实际—理论—实际"的学习过程，不应当不做习题，也不应当照抄同学的作业。

解题时必须多动脑子，灵活运用学过的定义、定理和公式，特别是在考试时。平时做某些章节的习题往往带有某种暗示性，因为这些习题都是围绕这些章节讲的定义、定理和公式设计出来的，不会解题时还可再翻看书本，但考试却不能这样。因此解题时，要仔细理解题意，明确求解什么，弄清直接给出的已知条件，发掘隐含的条件;再考虑这种题属于哪一种类型，在什么知识范围内，一般用什么方法求解，思路要明确。当一种解法遇到障碍后，再用另一种方法试解;当陷入困境时，要运用发散性思维，如果获得某种一闪而过的知识上的联系和启示，就要赶紧抓住并追踪线索，这往往成为解题的钥匙。

怎么能迅速从一门课转入另一门课的学习

我们在校学习时，每天的课程设置是各门科目交错间隔的，而各科之

间在相当程度上是自成一格、互不关联的（指直接、具体的联系），但是同学们则应该在老师带领下很好地学习每一节课的内容。上完语文课，就要排除掉语文遗留的干扰，进入数学课之中，之后是英语，再后是物理等等，这就涉及我们每个学生能否很好地完成注意力的转移。

注意力的转移，是指根据新的任务，主动地把注意力从前一个对象转移到后一个对象上。有的同学能及时地、灵活地实现注意力的转移，有的同学则不容易从一门课转入另一门课，不能保证新学习活动的顺利开始，在注意力转移上存在着"滞后"现象，这当然不利于搞好学习，那么怎么办才能促使自己实现自觉、主动的注意力转移呢？

1. 明确学习任务，强化学习动机。对当日进行的各门科目及其内容做到心中有数，自我强调务必学好每一门课才行，自我告诫各门课自有其系统，今天的这节课与昨天的、明天的同一门课在知识上是前后衔接的完整链条，不能打断。对每一门课有强烈的学习驱动力和任务观，有利于将注意力的指向及时调整到所学的科目上来。

2. 利用两节课间隔的休息时间放松自己。从前一门课的紧张状态和感知惯性中跳出来，吐故纳新，用一个经过短暂休整的大脑迎接新一门课的学习。同学们可以收起原来这节课的用品，起身活动活动，或极目远眺，或相互聊上一会儿，不可仍在写算上节课的作业直到上课铃响，待老师进来才手忙脚乱地收拾东西，看似抓紧时间，实际上容易影响注意力转移。

3. 走在课程和老师前面进行注意力转移。可在下一节课还未开始之前，将所需书本、文具等在桌上放好，并在头脑中回顾一下上次这门课的有关内容，也可浏览一下新课内容，这样在外部环境和内心活动两方面预先实现了注意力转移的过渡，当又开始上课时就能很顺利地投入新的学习之中。

注意力转移的能力对同学们学好每天的课程，以至将来从事某项工作都是非常重要的，愿大家注意培养和锻炼这一能力。

如何巧妙地选用学习参考书

对于参考书，你一定是再熟悉不过了。它是为补充教材的不足而编写的，是学习不可缺少的"助手"。如何选用自己的"助手"呢？选择条件是：

1. 对各科、各单元的要点叙述清楚、易于理解的。一般教材写得都很简明，但难免流于单调、平淡，没有重点，而参考书则可以清晰地列出所学内容的要点、难点，对帮助你理解问题有特殊的作用。

2. 符合使用目的的参考书。

3. 有教科书中所没有的例文、例题和它们的标准答案的。

4. 经常使用概要、索引、图表帮助同学理解的。

5. 指导学习方法的书籍。

选好参考书后，还要有使用参考书的好方法。使用参考书一定要抓住重点。在重点内容上不惜花费时间和精力，细读苦思，即使一些细节也不要轻易放过，而应仔细琢磨，领会其精神实质。非重点内容，只要粗略一看即可。

一般而言，参考书应是课后复习或阶段复习时，在理解或基本理解课内所学知识的基础上使用的。只有在这个前提下，学习参考书才能对知识有更深入的理解。

不要忘记最重要的一点，参考书要与教材联系起来使用。有些同学大量使用参考书，但对教材的体会却不够，这是很不明智的。记住，参考书只是教材的补充，它不可能代替教材，但同时，它也是教材所不能取代的。

预习的方法有哪些

预习是学习中的重要环节。预习可以减少知识障碍，使听课效果更佳；预习可以增强听课的针对性；预习可以提高笔记水平；预习还可以提高自学能力。

预习从时间和内容上可分成课前预习、阶段预习和学期预习。预习的目的是让同学们自觉抓紧时间，做好新旧知识的衔接，用科学的学习方法，获得学习的高效率、好成绩。

预习的方法有：

1. 预习时，边读边画，边读边批写。画出重点，提出看法体会，写出不清楚的问题。

2. 预习时，读书也要认真，把不明白的地方作为上课听讲的重点，这样再去听课就是有目的、有针对性的听课了。

3. 预习之后想一想，这样预习行不行，还有什么不足，应怎样进行调整和改进，把预习工作做得更好。

预习是一种值得提倡的学习方法，经常预习，有助于提高阅读能力、分析能力和提出问题能力，是提高学习成绩的一种方法。希望同学们都能抽出一定时间进行课前预习。

预习中应注意哪些问题

预习等于在学习中先走了一步，处处主动，对学习大有裨益。但在预习中应注意哪些问题呢？

1. 预习时间的长短，要根据自己的学习计划及当时学习的实际情况而定。自由支配的时间多时，预习时间可以安排得长些，对不懂的问题研究得深点儿；学习紧时，预习时间就要安排得短些，对问题初步领会即可。留下的一些问题，上课时再听老师讲解。所有问题都要在预习中解决，对于大多数同学来说是困难的。

2. 预习不要全面铺开。全面预习是不可能、不现实的。首先是时间没那么多，其次是预习质量难以保证。开始预习时最好先选择一两门自己学习的弱项，以此为预习的试点。当取得一定成效和经验后，再逐步扩大预习的范围。

3. 预习时不要平均使用时间，对于自己比较擅长、把握较大的科目，可以不作为重点预习对象，把有限的时间用在比较弱的科目上。

课前预习中要注意的事项还很多，同学们可以在学习过程中不断摸索。

如何提高自学能力

自学能力是独立思考、发现问题、解决问题的一种自己独立学习的能力。提高自学能力，是走向成功的关键。

提高自学能力要做到以下几点：

1. 设定学习目标，明确学习任务，使自己对学习产生自觉性。在学习中要结合自己的实际情况，按照设定的学习目标，选择适合自己水平的参考书、工具书等进行由浅入深、循序渐进的自学。

2. 培养广泛的兴趣。兴趣能推动人去探索新的知识，发现新的问题，激发自学的愿望。

3. 广泛阅读各种书籍、杂志、报纸等，以扩大自己的知识面，开阔自己的眼界和思路，从而提高自学能力。

4. 在阅读中发现问题，及时设法解决。可以借助工具书、参考书，也可以向老师、家长和同学请教，直到问题解决。这样下去，自学能力自然会提高。

5. 合理安排自学的内容和时间，做到学习重点突出，课前预习，课后复习，把问题带到课堂去弄懂。千万要避免课堂上不听讲，课后自学。学生要以听课为主，自学为辅。这样才能把学到的知识消化、理解、融会贯通。

6. 自学要从小做起。中学生正处在身心发育逐渐向成熟过渡的阶段。从小培养自学能力，可以使所学过的知识逐步丰富、深化并运用到实践中去，从而促进自学能力的提高。

自学能力对学习有何重要意义

自学能力是指学习者在已有知识技能的基础上运用科学的思想方法和学习方法，以及各种学习条件和手段，通过独立思考和独立作业，有目的、有计划地主动学习新的知识和新的技能，以及发现问题和解决问题的一种学习能力。

在学习生涯中，学生在校时间少，自学时间多；有老师指导的时间少，没老师指导的时间多；书本上的知识直接能应用的少，需要自己通过自学进行创造的多。"师傅领进门，修行在个人"，这句俗语形象地表达了一个人成才的规律。任何高明的教师，也不能保证每个学生都成才。能否成才，主要决定于学生个人的自我努力，自学是一切成才者的法宝。所谓"青出于蓝而胜于蓝"，达到这个境地除了向老师、向有识之人学习外，还必须坚持不懈地自学。

当今时代，科学技术知识的更新周期愈来愈短，这意味着受教育者不仅要掌握书本上的知识，更重要的是具备对知识的相当程度的理解能力、运用能力和系统化能力。因此，社会发展的未来，要求每个人必须增强自学能力，只有这样，才能适应时代发展的需要，才能在知识的海洋中遨游。

自学能力是获得知识的重要途径，在生活的各个方面，特别是学习上，要努力提高自学能力。

怎样做好课后复习

孔子曾说过："学而时习之，不亦乐乎？"可见，复习是学习中不可或缺的重要环节。复习是对学习过的知识，从新的角度及时地再认识，从而更好地理解和吸收的过程。复习有多种形式，总的来讲，有课后复习和系统复习。怎样做好课后复习呢？主要有4点：

1. 回忆再现。先不看书，也不看课堂笔记，静静地把老师当天讲的内容回忆一下，再现老师上课的情景。看自己能回忆出多少，回忆不出的地方、课上没有弄懂的地方，应再开动脑筋想想，看看自己能不能回忆起来，问题能不能搞懂。如果实在办不到，就可以做课后复习的第二步——细读教材。

2. 细读教材。上课时解决不了的问题，大部分可以在细读教材之中得到解决。要细读教材，全面过目，对理解的、记住的部分不必花费太多工夫，对于不理解、未能记住的地方则要多花些时间读。细读教材时，要拿笔做些勾画的批注工作，写出自己的理解、体会，以便在系统复习时迅速回忆和查找教材中的关键内容。

3. 整理笔记。课堂上一般是很忙碌的，要听、看、思、记，所记笔记不可能十分细致、周全。课后复习时应将不完全的笔记补齐，将记得不准确、不正确的笔记修改过来，过简的地方补上有关内容，力求笔记完整、正确、实用。整理好的笔记是一份经过自己加工、适合自己使用的复习资料，因为它线索清楚、重点突出、内容简要，所以，在系统复习时，只要打开笔记本一看就心中有数了。

4. 及时记忆。课后复习的一项重要任务是保持良好的记忆，使遗忘的周期加长。有关专家的实验证明：刚刚记住的材料，经过 1 小时后，只能保留44％。如果对学习过的材料经常复习，对大脑进行反复、有效的强刺激，那么，记忆就会强化，遗忘的速度就会放慢。

总之，同学们在复习时，要把新旧知识联系起来，进行比较分析，使其条理化、系统化，形成一个比较完整的知识网。不要等到期中、期末考试前才想起去复习。每天坚持复习，不管第二天是否考试，老师是否留作业，都要及时复习。这样，用很少的时间取得良好的学习效果，何乐而不为呢？

怎样做好系统复习

系统复习就是用较为集中的时间，对学过的知识进行再加工、再认识，从而把学过的知识提到一个新层次的学习过程。

以时间划分，有周复习、月复习、期中复习、期末复习和升学复习等，从知识内容上可分为章复习、单元复习等。不管哪种形式的系统复习，都应达到以下的基本要求和完成以下的任务。

系统复习的基本要求和任务：

1. 系统复习要做好准备。系统复习要有相对集中的时间，复习前应将教材、笔记、书等准备好，系统复习一开始，就能马上全身心投入。

2. 要有明确的中心。或整理一两科的知识系统，或集中解决某一学科的问题，但内容不宜过多。复习时注意文理交替，在明确中心的前提下，努力提高复习质量。

3. 应做些综合题，这是检验系统复习效果的好方法。若做综合题比较顺利，则证明自己在系统复习中对知识的完善和系统化工作做得较好，综合运用所学知识的能力在增强。

4. 坚持做好系统复习。同学们应认识到相对集中的空闲时间是宝贵的，要克服放松情绪，坚持做好系统复习。

5. 查遗补漏。在学习过程中，难免出现欠缺和漏洞，通过系统复习，可以及时补正。

6. 融会贯通。平时学习，是一个知识点一个知识点学的，只有通过系统复习，才能把散乱的知识点连成线，将"知识线"织成网，所学知识才会系统化。

7. 强化记忆。系统复习是强化记忆的好方法。记忆力的强弱和复习次数的多少成正比例。反复记忆相互联系着的知识，记忆的效果就会好，系统复习可以达到强化记忆的目的。

语文篇

怎样自学语文

有经验的教师和有出息的少年朋友，都把自己的聪明才智用在培养自学能力上。前人打过这么一个比方："授人以鱼，不如授人以渔。"意思是送别人几条鱼，只能供他做一顿饭的小菜；而要教会他打鱼的本事，那么他就能终生受用不尽。

你听说过"点石成金"的故事吗？一个仙人用手指点石头，这石头就变成金块。于是请他点石头的人很多。唯有一个人与众不同，他不要那些金子，而向仙人讨那个手指头。这似乎有点不近人情，但从方法上来说，却是深得要领、抓住要害的。我们跟语文老师学习，就要向语文老师讨到"手指头"——自学的方法。

叶圣陶先生说过，语文课"最终目的为：自能读书，不待老师讲，自能作文，不待老师改"。虽然在小学阶段不可能完全做到这两个"自能"，但要努力向这个方向迈出步子，向这个目标接近。等到我们具有了较强的自学能力，无论要打开哪一座知识宝库，我们都手握金钥匙，无论向现代文明的哪个高峰登攀，我们都备好了绳梯。

那么，就拿读一篇文章来说，必须具备哪些自学能力呢？优秀的语文教师告诉我们，至少要有：

1. 理解题目的能力。如能掌握审题的方法，独立审题，能对文章的题目发表自己的见解。

2. 理解词语的能力。如学会辨析、运用词语，学会理解成语的方法。

3. 理解句子的能力。如分析句子、准确地说出含义深刻的句子的意思，理解句子之间总起、分述、承上启下、因果等联系。

4. 划分文章段落和概括段意的能力。如常见的分段方法要掌握，归纳段意要完整而简练；小标题要准确、鲜明、简练。

5. 掌握文章主要内容，概括中心思想的能力。

6. 划出文章重点词、句、段的能力。

7. 提出问题和解决问题的能力。

8. 鉴赏文章词语和写作特点的能力。

9. 写自学笔记的能力。

这里，再给少年朋友们编一首《精读三字诀》（前面 4 个字是为说明用的），供你们参考：

1. （题目较深）审题目；

2. （作者重要）熟作者；

3. （背景不明）晓背景；

4. （字音不准）查字音；

5. （词语难解）释词语；

6. （句意难懂）析句意；

7. （逐层细读）理节意；

8. （节节联系）分段落；

9. （简明扼要）结段意；

10. （摸清思路）揭中心；

11. （写作方法）抓特点；

12. （巩固练习）做习题。

怎样预习课文

预习是培养自觉能力的一种有效方法。有了这个认识，预习便可成为少年朋友们自觉的学习活动。

语文课预习的内容有哪些？最基本的要求是初步掌握课文内容，字、词、句、篇都可以预习。一般说来，语文老师会根据学生自学能力的基础，布置预习提纲，学生可以按预习题去预习。但如果老师不出预习题呢？自己给自己出也可以（可参照《精读三字诀》十二条）。不过，每次预习要有重点，不必面面俱到，样样齐全。而且要强调力所能及，要求过高、过急，自己反而会失去信心。

预习，最初是老师带领同学在课堂内进行的，等同学基本上养成了预习习惯，并具有一定的预习能力后，就开始在课内、课外交替进行。从课内学得一些预习的方法，还要在课外经常运用，才能达到熟练的程度。

预习时要注意对照注释，还可以结合课文后面的"思考和练习"来预习。在课本的字里行间画杠、加点、圈圈、批注、打问号……不要怕把书"弄脏"，这是允许的，可以说是好习惯，"不动笔墨不读书"（徐特立爷爷的话）嘛。有的小朋友有做预习笔记的能力和习惯。预习笔记一般可包括以下项目：为生字词注上拼音；抄下课文中的格言警句、精彩片段；记下从课外书中抄来的有关时代背景和作者的资料；试着划分段落；试拟段落大意，还可写上自己归纳的中心思想；试做书上的习题，记下疑难问题等等。课前必要的访问、参观、看图片等，也可以看做一种"预习"。

以《革命烈士诗二首》为例，预习的内容，浅一些的，可以是：

1. 查字典，读准每个字音。

2. 查字典、词典，解释"渴望""乞求""凯歌"等词语。

3. 朗读几遍课文，要读得正确、流利，力争做到较有表情。

深一些的预习内容，除了以上内容，再增加以下一些思考题：

1. 有几句句子怎样理解？（1）为人进出的门紧锁着，为狗爬出的洞敞开着。（2）我希望有一天，地下的烈火，将我连这活棺材一齐烧掉。（3）对着死亡我放声大笑，魔鬼的宫殿在笑声中动摇。

2. 什么叫"囚歌"？《我的"自白"书》，"自白"一词两次出现，含义有什么不同？为什么课题中的"自白"加上引号？

3. 提出疑难问题（比如：这课里"活棺材"算不算比喻？3个破折号

作用一样吗?)。可以把自己的看法简要写在书上或预习本上。

少年朋友们在预习中要做到"三问":一问自己;二问字典、词典或有关资料;三问别人,问老师和同学。同学们把疑难问题写在纸条上,汇齐交给老师,由老师在上课时组织大家讨论,最后再总结,这也是很好的方法。

不会复习语文,怎么办

有的同学认为语文课没什么好复习的,课文学过了,都看得懂,还复习什么呢? 再说,作文更是没法复习的。其实,复习语文就像其他学科的复习一样,如同牛的反刍回嚼,是吸收营养的重要步骤。

学过的东西不复习就会遗忘,而遗忘的规律是一个减速的过程。开始的时候忘得最快,后来逐步减慢,所以必须"趁热打铁",及时进行复习。这样不仅能巩固学到的知识,而且还能发现以前自以为理解、掌握而实际并没有真正弄懂的问题,使疑难得到及时解决,或者在原有理解的基础上提高一步。

复习的方法是"一读、二忆、三整理,自测思索记札记"。一读就是反复朗读课文;二忆就是回忆老师讲课的内容要点,让新知识在脑海中重现;三整理就是整理笔记。这3步能够起到巩固记忆、促进消化、加深理解的作用。"自测"就是在"一读、二忆,三整理"的基础上把课本合上,自己给自己出难题,看自己能不能回答,"自测"跟"思索"是连在一起的。最后就是"记札记",也就是把自己思考的内容记下来,看哪些是能够自问自答的,哪些是自己思而无解的。

同时,我们还要学会系统复习,这既可使知识融会贯通,又有利于记忆,还能起到查漏补缺的作用。像期末考试前的复习就是一种系统复习。系统复习大致有这么几个方面需要注意:

1. 确定复习的专题,并围绕一个中心课题进行。例如小学五年级的语文复习,就可分为基础知识、阅读、作文3大部分。就阅读来讲,又可按"分段和概括段意""概括课文主要内容"等几方面重点进行复习。

2. 复习时应该突出重点。如果不分主次,平均用力,"眉毛胡子一把抓"，其结果必然是事倍功半，收效甚微。

3. 不要把"系统复习"变成"系统补习"，复习时学习上的漏洞越少越好，这就要求同学们平时要完成好学习任务。

最后，希望同学们系统复习时，不要仅仅满足于看看书、做做习题、背背定义和公式，而应善于发现问题，并深入钻研，尽量避免犯"一看就懂，一放就忘，一做就错"的毛病。

不懂得学习语文的重要性，怎么办

好多学生朋友们不知道学习语文的重要。我们可以打这样一个比方，幢幢高楼大厦，不管它有多少层，也不管它是什么式样的，它巍然矗立、高耸入云，靠的是坚固的结构，其中包括牢固的地基。没有地基的"空中楼阁"是无法存在的。语文就是"地基"，是各门功课的基础，是从事各项工作都用得着的基本功。一个人的成就可能表现在科学研究方面、发明创造方面、组织管理方面、艺术表演方面……我们细想一下，好多工作都离不开扎扎实实的语文基础知识和基本能力。

著名散文作家秦牧曾经这样写道："不少人以为语言是人人会讲的，印在纸上的文字也是不难读懂的。在学习它时掉以轻心，不肯从难从严，结果就反而学不好了。"他指出："只有提高语文程度，才能够通过这条渠道，精研各科学问。"下面，我们仅以几位著名数学家为例，说明打好语文根底的重要性。

数学家陈景润对"哥德巴赫猜想"这个世界数学难题作出了卓越贡献。他有这样一段发人深省的话："我在福州英华中学读书时，学校分文、理两科。……我虽然很喜欢数学，可是当时我偏偏选读文科班，其中原因之一就是我认为必须把语文基础打好，为以后能够钻研高深的数学做好准备。"他的这种做法是有远见的。

数学家苏步青在任复旦大学校长时，曾向人们说起一个情况：他们学校招收了一批数学拔尖的学生，可是进校没几个月，这些同学慢慢就落后了。原因是他们中学时单科突进，对语文毫不重视，阅读和表达能力很差。所以，苏教授斩钉截铁地表示："欲考复旦大学数学系，若语文不及格，即使数学再好，也不能录取。"

苏步青爷爷本人在学习语文方面就下过功夫。他小时候在家乡放牛，常骑在牛背上念《千家诗》，稍大一些，背诵《唐诗三百首》，后来又爱看《史记》《三国演义》等名著。至今，他的桌上、枕边还常有文艺书。他还有吟诗、作诗的爱好，每天抽空练毛笔字。出国讲学时，有朋友向他要些笔墨，他即刻挥毫，书法苍劲有力，诗句清新得体。

再说数学家华罗庚，他在语文方面也很有功底。他初中毕业后，在职业中学只读了一年多，就因家境困难而失学。但他凭自学的数学知识，也凭语文功底，在 1930 年写出了一篇缜密明快而又别具一格的数学论文，得到了数学界前辈的赏识。后来他继续深造，终于成为国内外瞩目的数学巨星。

请看，在 1963 年他用一首诗概括一生自学成才的心得，不也显示出他驾驭语言的本领吗？

> 埋头苦干是第一，
> 熟练生出百巧来。
> 勤能补拙是良训，
> 一分辛苦一分才。

怎样掌握积累词汇的方法

陆颖小朋友平时不注意积累词语，写作文时就显得词汇贫乏。有一次，他这样写邻座的朱刚："朱刚真好，他学习好，上课总是很好地听，作业也完成得很好。他待同学真好，和他在一起，我感到特别好……"一口气写了十几个"好"。

其实，这段文字中的"好"，可以由"踏实""认真""及时""专心"

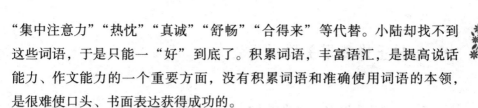

"集中注意力""热忱""真诚""舒畅""合得来"等代替。小陆却找不到这些词语，于是只能一"好"到底了。积累词语，丰富语汇，是提高说话能力、作文能力的一个重要方面，没有积累词语和准确使用词语的本领，是很难使口头、书面表达获得成功的。

那么，积累词语要通过哪些途径呢？

1. 在阅读课文中积累词语。从每篇课文中学到的词语，不要轻易丢掉，要通过读词、抄词、填词、组词、辨析、解释、造句、联词成短文等多种练习形式，把词语积累起来。

2. 将课外阅读、课外活动、社会生活与查工具书结合起来，积累词语。除了阅读课外，在课外阅读中、少先队活动中、社会生活中，听到、看到什么新的词语，可以及时记在小本子上，再查字典、词典，掌握这些词语的音、形、义。搜集得比较多了，可以再用一个本子进行归类整理。

李倩小朋友的词语簿中，分门别类，抄着各种词语。每一个词语，有例句，也有她自己的造句。比如"外貌神态"这一项描写面容的词语，她就抄了100多个：

面红耳赤、两颊绯红、满面红光、满面春风、笑容可掬、喜形于色、容光焕发、喜笑颜开、喜上眉梢……面色如土、面黄肌瘦、面容憔悴、面有愠色、面目可憎……

例句如"容光焕发"："李老汉兴奋得面颊和耳朵都红了，容光焕发，说起话来格外响亮。"

"严老师今天特别高兴，她容光焕发，大声向我们宣布：俞越同学被批准为市的三好学生，我们班也评上了区的先进集体。"

3. 在说话、作文练习中积累词语：学是为了用。在说话中，要注意词语运用的准确。在写作文时，要重视选词，要讲究准确、鲜明、生动。但这绝不等于需要追求华丽，堆砌所谓的"丽词佳句"。许多常见的词语能用得很恰当，也有助于传情达意。通过说话和作文的练习，我们对课内外学到的词语加以运用、检验、巩固、纠正，这就是：积累为了运用，运用促进积累。只要你坚持不懈，一定能达到词如潮涌的可喜境界。

怎样正确使用关联词语

晚上，严清小朋友去找明华小朋友。明华的妈妈回答，明华到他外婆家去了。严清问："明华是上午去的，还是下午去的?"明华的妈妈说是下午去的，而且说："他不是今晚回来，就是明天早晨回来。"严清又问："他是乘公共汽车去的吗?"明华的妈妈回答："他不是乘车去，而是骑我的小轮盘自行车去的。"

这里对话中的"是……还是……"表示不了解情况，说了两个时间，要从中选择一个时间。"不是……就是……"也是如此，表示要从两种可能当中选出一种来。"不是……而是……"就不同了，前面表示否定，后面表示肯定。

"是……还是……""不是……就是……""不是……而是……"都叫做"关联词语"。关联词语起关联作用，表明前面的分句和后面的分句之间的意义关系。这里的3句，第一、二句是"选择关系"，第三句是"并列关系"（"对立"也归在"并列"里了）。表示选择关系的关联词语，还有"或者……或者……""要么……要么……""宁可……也不……"等；表示并列关系的关联词语，还有"也……也……""又……又……""一边……一边……""既……又……"等。

还有表示递进关系的，如"不但……而且……""并且""连……也……"等；表示转折关系的，有"虽然……但是……""但是""然而""不过"等；表示假设关系的，有"如果……就……""即使……也……"等；表示条件关系的，有"只要……就……""只有……才……""不管……都……"等；表示因果关系的，有"因为……所以……""因为""所以""既然……就……""由于……因此……"等。

虽然并不要求我们小朋友都能说出名词术语，但要能体会到句子中前面和后面的关系。注意不要漏掉关联词语，如"尽管我的成绩有了很大的提高，我不应该骄傲自满。"（在"我"字前面应补上"但是"。）注意不滥用关联词语，如"明华和我不但是同学，而且天天见面。"（"不但"和"而且"完全可以不用。）注意不要摆错关联词语的位置，如"只要你肯下一番苦工，就你能把成绩提高一步。"（"就"字应放在"你"的后面。）注意不要让关联词语搭配得不恰当，如"只有谦虚的人，就能不断进步。"（"就"应改为"才"。）"不管困难有多大，我们就要战胜它。"（"就"最好改为"都"。）"假如你喜欢画鸟，你才画吧。"（"才"应改为"就"。）"他既然不肯来，都不要硬叫他来。"（"都"改成"就"或"那么"比较好。）多分析正确的例子，多改正用错的地方，就一定能逐步做到正确使用关联词语。

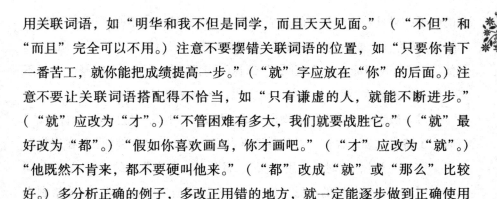 不会正确使用标点符号，怎么办

要会正确使用标点符号并不难，关键是要熟悉各种标点符号的作用。

标点符号是点号和标号的合称。

点号表示口语里不同长短的停顿，有表示句末停顿的句号（。）、问号（？）、感叹号（！），还有表示句中停顿的逗号（，）、顿号（、）、冒号（：）、分号（；）。点号的作用比较单一，使用时也容易掌握。为了不重复教材上的内容，这里主要谈谈几种标点符号的使用：

破折号（——）可以用来表示说话中断或口气的突然转换。例如："今天我本来打算去一趟，可是——"，"好香的干菜——听到了风声么？"破折号还能表示声音的延长。例如："他们走不上二三十步远，忽听得背后'啊——'的一声大叫。"破折号还能表示对上文的解释和说明。例如："向雷锋同志学习——毛泽东。"破折号还能表示意思的递进，例如："睁大眼睛盯住他——把他仔细打量一番——然后再打定主意。"

问号（？）一般用在表示疑问的语句末尾。用不用问号并不是看句中有没有疑问代词或句末有没有表示疑问的助词（呢、吗、么），有些句子虽然有疑问代词或疑问助词，由于不期望对方回答，不是疑问语气，就不必用问号。例如："我是这么想的，可不知道他的意思怎么样。"另外，表示疑

问的句子如果只是充当句子的一个成分，这样的句子也不必用问号。例如："请说一说为什么要走这一步棋。"反问句虽然不表示疑问，但可以用问号。例如："难道我们能无动于衷吗？"选择问句只要最后用一个问号，中间不必用问号。例如："我们是先复习语文呢，还是先复习数学？"

引号一般表示直接引用人物说的话。例如："他说：'这本书真有趣。'"有时为了特指或表示强调，对某些词语也可以加上引号。例如："在现代汉语里，用了'被'，有时还须用'所'，常常是由于音节上的需要。"有些词语加上引号，表示相反的意思。例如："你简直是'野心勃勃'！才给别人写信致敬，又要叫别人'失业'？"此外，引号也可表示反语、讽刺。例如："'友邦'要我们人民身受宰割，寂然无声。"

不会划分课文段落，怎么办

划分段落，指的是划分文章的意义段而不是自然段。文章的意义段也叫层次，它表达一个相对完整的意见。划分段落可以分 3 步进行：

1. 概括各自然段的段意。有些自然段有中心句，只要找出中心句就行，有些自然段没有中心句，那就要自己进行概括了。例如《蛇与庄稼》3 个自然段，可以概括为：第一段写蛇与庄稼的关系；第二段写猫和苜蓿的关系；第三段写事物之间有着联系。

2. 看课文的结构是纵向结构（内容按先后次序安排，如时间顺序安排）、横向结构（各部分的内容是并列的，如按空间顺序安排）还是总分结构（即由数量不等的总说部分和分说部分组成的文章，分说部分一般采用横式结构）。例如《黄河象》是纵向结构，按时间顺序假想黄河象来历。又如《繁星》是横向结构，按空间顺序，介绍作者在家乡庭院里、在南京、在海上 3 个地方看繁星。再如《我的伯父鲁迅先生》采用总分结构，第一大段总说鲁迅先生逝世后人们悼念他；第二大段分说，通过几件事介绍鲁迅先生的为人；第三大段再总说鲁迅先生是一个为自己想得少，为别人想得多的人。

3. 确定了文章的结构方式后，先按自然段段意把内容相近、关系密切的几个自然段归并在一起，然后再用文章的结构方式来验证一下，看看是不是互相一致，如果一致，那就说明划分是正确的。

需要附带说一说过渡段的划分。过渡段一般不能单独成为一个意义段，它在两段之间，到底是划入上段，还是归入下段，应该依据它所起的作用来决定。是以承上为主的，划入上一段；以启下为主的，划入下一段。

不会归纳课文的中心思想，怎么办

课文的体裁不同，归纳中心思想的方法也不同。我们以小学语文课本中数量最多的记叙文为例，谈谈归纳课文中心思想的几种方法。

1. 文章的结构是服从于中心思想的，文章的内容不同，表现手段不同，主题不同，段落层次的安排也就不同。如《一夜的工作》，为了表达周总理忘我工作、日夜操劳的主题，文章采用了三段式结构：第一段先交代事情的起因，"我"把稿子送给周总理审阅；第二大段以具体的事例，记叙周总理一夜的工作，展现他为国家大事日理万机的高贵品质；结尾一段点明中心。所以说，厘清了文章的结构，能概括出各段的段落大意，中心思想也就显而易见了。

2. 记叙文是通过具体的人物和事件来表现主题的。而这些具体的人物和事件，好比做衣服的材料，不能杂乱地堆砌，这就要由线索来组织。记叙文的线索大致有这样几种：（1）以"人"为线索。如《大仓老师》，以大仓老师为线索，把开学典礼和语文课两件事串联起来，表现大仓老师为人正直、实事求是的品质。（2）以"物"为线索。如《落花生》以花生为线索，说明做人要像花生一样，不要讲体面，要做有用的人。（3）以"事"为线索。如《飞夺泸定桥》以22位红军战士夺取泸定桥为线索，表现红军的革命英雄主义精神。可见找出文章线索，也就容易归纳出中心思想了。

记叙中的议论或抒情常常能起到点明中心的作用。所以，阅读课文时要捕捉文章中议论、抒情的成分，这能帮助我们理解文章的中心思想，例如《一夜的工作》在记叙了周总理一夜的工作之后，作者有这样两段的抒情、议论：

> "在回来的路上，我不断地想着，并且对自己说：'这就是我们新中国的总理。我看见了他一夜的工作。他是多么劳苦，多么简朴！'
>
> "我这样对自己说了几遍，我又高声对全世界说，好像我的声音全世界都能听见似的：'看啊，这就是我们中华人民共和国的总理。我看见了他一夜的工作。他每个夜晚都是这样工作的。你们看见过这样的总理吗？'"

读了这两段话，《一夜的工作》的中心思想不是很清楚了吗？

不会归纳课文的写作特点，怎么办

归纳文章的写作特点，首先要熟读文章，了解文章的内容，理解文章的主题。因为文章的写作特点是指文章的表现形式，而形式都是由内容决定的，所以只有在了解内容的基础上，才能去分析文章表现形式的特点。

其次，要从写作的各个方面，即材料的选择、结构的安排、表达方法的运用，以及语言风格等角度，全面分析文章是怎样写的，看文章在哪一方面对表现主题和深化主题有突出的作用。

在此基础上，一般可以用筛选比较的方法归纳写作特点，具体的步骤是：1. 凭直感选出哪些写作方法给自己的印象最鲜明、深刻，被自己认为是课文写作中好的有特色的地方？2. 再从正反两方面假设，看看文章这样写究竟好在哪里？不这样写，文章又会怎么样？有些原来被认为是好的、有特色的写作方法，通过这样的分析比较后，可能就不觉得很有光彩或很有特色了，然后把剩下的那些"写作特点"与同类文章进行比较，如果确实有特色，那么这篇课文的写作特点就可以初步确定下来了。当然，对与同类文章相比后并不见有什么特色的部分，要舍得忍痛割爱。有条件的话，

最好再进行一次比较，那就是与作者别的文章相比较。这样，有助于在了解作者写作风格的前提下，更准确地归纳出写作特点。例如，我们分析巴金的《繁星》一文的写作特点，如果能与他的其他散文相比较，就能舍同取异，把这篇散文写作的真正特点挖掘出来。

最后一步是把写作特点写下来。一般的写法，是罗列条文式的，只写结论。但对于小学生来说，最好能每写一条写作特点，都附带简单地写下归纳这条特点的理由，以及这一特点对表达文章主题的作用。这样做对提高阅读能力和写作能力是大有好处的。

怎样正确掌握背诵的方法

少年朋友，你知道背诵的好处吗？不要认为背诵就是死记硬背、死读书。其实古人读书善于把许多精华部分背下来，这是可取的做法。古人说"劳于读书，逸于作文"，意思就是：在读书方面要多下苦工，书中的语言自然而然变成自己的语言后，在作文时，恰当的语句就会源源而来，毫不费力或不费什么大力气，便能写好。

鲁迅、郭沫若、茅盾等人，都是对古代的散文、诗歌名篇，从小就下过功夫背诵的。毛泽东同志也能背诵许多诗文。有人回忆马克思读诗的情形："他能背诵海涅和歌德的许多诗句，并经常在谈话中引用他们的句子。"

背诵对我们少年儿童来说，可以帮助我们加深对课文的理解，提高阅读能力，还可以帮助我们了解课文中用词造句、安排全篇的妙处，培养和提高我们的作文能力。不少作文成绩突出的同学，从背诵中得到的益处是显而易见的。

背诵要随年龄增长、年级升高而逐渐增多，不要操之过急，一口不能吃成个胖子。先可以背几句话、几首绝句、几篇短文，到小学高年级，可以背诵一些律诗、现代抒情诗、名篇片段。

背诵要严格要求自己，不随便加字、漏字、读错字。至于有表情的背诵，还要像表情朗读那样讲究重音、停顿、语调、速度等。

背诵之前可以进行朗读、默读、复述等活动，为背诵做准备。

背诵前要对课文的字、词、句、节、段、线索、中心思想作认真的钻研，在理解的基础上背诵，才可能背得快、记得牢。比如《桂林山水》中，描写漓江水特点的部分，写得脉络清楚。前一句写大海和西湖，用来衬托漓江水；后一句按顺序写漓江的静、清、绿 3 个特点；最后一句写静、清、绿使人几乎忘却在前进的感觉。理解句与句的关系，弄清了层次，背诵起来会容易得多。

背诵不要平均花力气，要分出轻重难易，对重点、难点，多花些功夫。

背诵要运用多种方法。可以抓关键词、重点词、中心句，可以分层、分段背，边读边尝试回忆一层一段的内容；可以用录音磁带录下自己朗读的课文，边听边记忆；可以进行自查自测，有时间的话，默写一遍，对发现遗漏、纠正错误是有好处的。

背诵还要经常复习，保持记忆的牢固性，最好每天早上或晚上背一会儿书，时间不必长，贵在坚持。

 怎样欣赏古诗

少年朋友喜爱朗读背诵古诗，但要说出点这首或那首的妙处，欣赏它的优美，却不是一下子就能做到的。古诗的优美，在于具有生动的形象、深刻的含义、丰富的想象、浓郁的感情、精练的语言、鲜明的节奏、和谐的韵律等。这些因素，使古诗具备了特有的意境美、音乐美。

古诗具有生动的形象。骆宾王笔下那"白毛浮绿水，红掌拨清波"的鹅，"曲项向天歌"，这是一幅多么色彩斑斓的图画啊！贺知章咏唱的柳树如"碧玉妆成"，柳枝如丝绦，柳叶似剪刀，读来好像看到垂柳在春风中摇曳多姿。在《望庐山瀑布》中，李白描绘日照奇峰、紫烟升腾、瀑布飞泻，真是使人心驰神往，如临其境。而读杜甫《春望》的"感时花溅泪，恨别鸟惊心"，对国土沦陷、人民流离，他满怀愁怨和愤恨，鸟啼使他伤心，花开催他落泪，一个爱国诗人的形象就显现在我们的眼前。

古诗具有深邃的含义和高尚的情趣。它揭露黑暗社会的污浊，它抨击反动阶级的罪恶，它抒发爱祖国、爱人民的情感，它歌颂崇高的劳动和友谊，它赞美祖国的美好河山……

古诗具有丰富的想象、奇妙的联想。瀑布飞流，想象它犹如九天银河泻落（李白）；门泊航船，引起神驰万里，直至长江下游（杜甫）；泊船瓜洲，视线越过长江，看到江南堤岸，在春风吹拂下一片翠绿（王安石）；读书有感，竟联想到积累知识，加深根底，犹如春水涨起，巨舟如同一片轻羽；异地思乡，扇动想象的翅膀，飞回家乡，看到他的兄弟们登山玩景，佩戴茱萸，正在感叹"遍插茱萸少一人"（王维）。

古诗具有诗人发自肺腑的浓郁的感情，它深深地感染读者。念《春晓》（孟浩然），你也会惋惜诗人青春的消逝，懂得青春的宝贵。读《从军行》（王昌龄），你的胸中，也会充满爱国战士的英雄气概。吟《锄禾》（李绅），你也会对在炎炎烈日下"锄禾"，"汗滴禾下土"的农民们产生同情之心。

关于古诗的鲜明的节奏、和谐的韵律，前面已有简介，最后说说古诗具有的极其精练的语言。如苏轼《饮湖上初晴后雨》，仅28个字，将晴天湖水荡漾、波光粼粼的景色，雨幕中烟雾蒙蒙、山影迷茫的景色，如西施淡妆浓抹总是艳丽非凡，以及诗人热爱西湖的真情实感，都包容在内。这样的例子，在古诗中是举不胜举的。

怕写作文，怎么办

少年朋友，在这本书里，我们将一起研究作文方面的一系列问题。

先从不要怕写作文谈起。有的小朋友怕写作文，一看到作文题就头疼，"怕"成了学写作文、写好作文的拦路虎。我们得把"怕"字赶掉，才有可能写好作文。

首先，必须懂得我们长大后要为祖国为人民服务，没有一定的写作能力是不行的；还要懂得"文章得失不由天"，文章要写得好，不靠神仙不靠天，全靠奋发和勤勉。

其次，有的小朋友前些时侯作文没写好，老师给评了"中下""差""不及格"，评语上也说写得很不好。但有的小朋友看不懂老师的这些评语，或字面上能看懂，但没有认真思考这些评语的意思并按评语的要求去修改作文，这样，作文不容易写好，对作文也会越来越不感兴趣。

作文，兴趣是十分重要的。兴趣是攀登成功山峰的向导，是打开智慧宫大门的钥匙，我们要自觉地从以下各方面来培养兴趣：

1. 要上好语文阅读课。要认真听老师的讲解，认真参加讨论，认真做练习，积累、运用词语，提高对文章的分析、欣赏能力。

2. 要积极参加语文学科活动。如参加朗诵小组、儿歌小组、曲艺小组、练笔小组，在这些兴趣小组中争取得到辅导老师的单独指点，这样，再加上自己的琢磨、练习，便会慢慢开窍。课外还可在老师、家长指导下多订阅或借阅介绍小学生学习生活的书籍报刊，经常剪报，积累写作资料。

3. 要把练习写作和实用结合起来。比如可以在家长指导下，写信给远方的亲友，先写好草稿，请家长帮助找出文中的毛病，再修改誊清。班会上，学着把三好学生的事迹用讲故事的形式表达出来。这样做，既实用，在写作上也能得到锻炼。

4. 为了防止"没有什么好写，但还要硬写"，要积极参加各种课外活动，使生活丰富多彩。还可以坚持记日记，这样做既能积累材料，又可练熟笔头。日记可以请老师和家长检查指导。有的小朋友每星期交一篇周记，请老师指正，这也是个好办法。

5. 要认真对待老师布置的每一篇作文。老师指导时，要认真听讲；作文要列提纲，起草后仍要仔细修改，作文本发下后，要研究老师的批语并作修改、誊写，实行"一题多做"，要有不达标准不罢休的毅力。

6. 要克服羞怯情绪，大胆为班级或学校的黑板报写稿，甚至可以向儿童刊物投稿，积极参加作文竞赛，用取得的成绩自励。

只要你从不怕写开始，勤学苦练，最终定能尝到甜头。请记住作家巴金爷爷的话："写吧，只有写，你才会写。"

写不好作文，怎么办

作文怎样才能写好？必须从思想、生活、知识、技巧4个方面下功夫。

1. 要有正确的思想

鲁迅先生说过："从喷泉出来的都是水，从血管里出来的都是血。"文如其人，只有思想正确的人，才能写出观点正确的文章。相反，思想修养不高，作文中的观点必然会有错误。下面这个文章片段，就是有观点错误的：

> 我想，"人生能有几回搏"？这一回拼搏是关键，如果考不上名牌中学，自己脸上无光彩，父母早晚骂不休，还可能遭到有的人的冷嘲热讽，所以要向"头悬梁""锥刺股"的古人学习，这回非得拼入名牌中学不可。我向往自己考入名牌中学后，父母设宴为我庆祝，亲朋送礼向我贺喜……

再看另一篇文章的片段，格调就全然不同了：

> 大伯在我心目中形象高大，他艰苦朴素、平易近人，忠心耿耿为祖国为人民奋斗了几十年，现在仍然一腔正气，两袖清风……

2. 要认真读书

古人说读书好比熔铜，要用大囊袋不停地用力鼓风，才能把聚在炉里的铜熔化掉；作文就好比铸造铜器，只要把已经熔化的铜倒入模子就行了，所以说是"劳于读书（读书上下了大功夫），逸于作文（写作就不困难了）"。"读书破万卷，下笔如有神"，多读书，是写作取得成功的重要条件。

3. 要多看多听

要多看。有这么一个故事：高尔基、安德烈耶夫和布宁，曾在一家饭馆玩过一种比赛游戏。他们3个人看到1个人走进来，经过3分钟的观察和分析，高尔基说出了他的脸色、衣着和手的样子；安德烈耶夫只是胡诌一通，他什么也没看清；而布宁不仅说得出他的外表特征，而且还下结论说他是个国际骗子。一问饭馆侍者，此人果然来路不正，名声很糟。这里说的多看，是指目的明确的多观察。随意看，常常视而不见；目的明确多观察，那就能看到一般人看不到的东西了。

要多听。《聊斋志异》中有几百个生动有趣的故事，其中有不少是作者蒲松龄在道路旁用烟和茶换来的，他记录了过路人讲的趣事，经过整理加工，使它们成了文学艺术的精品。

作家要多看多听，初学写作者更要强调多看多听，要养成眼观六路、耳听八方的习惯。

4. 要锻炼技巧

锻炼写作技巧主要靠多练。这些技巧包括观察分析、审题立意、选取材料、布局谋篇、运用手法、选词炼句、修改润色等。都需要自觉地长期地耐心地训练。多读、多看、多听、多想、多练，才能写好作文。

不会进行比较审题，怎么办

在练习审题时，老师常常出一组看似相同但有差别的题目，这些题目，不加注意，就会觉得没有什么两样，而经常进行辨析，就可以提高我们的审题能力。

请看《我的老师》《我爱老师》《我和老师》《老师，我爱你们》，这是一些容易混淆的作文题目，必须特别留神，才能找出它们的特点和区别。

这4个作文题，都写老师，可以写一位老师（除了《老师，我爱你们》这一题），可以写几位老师。这是相同的。

区别是：第一题规定了要写"我的"老师，不是别人的老师。虽然是写"我的"老师，但重点要放在"老师"上，这就和第二题有明显的区别。第二题重点放在我对老师的感情上，即放在"爱"上。自然，老师的各种令人起敬的表现是要写的，否则"爱"就没有根据，但是必须用大部分篇幅写"我爱"。第三题又不同，重点放在我与老师的接触、联系、感情交融上，写"我"和"老师"几乎是平均使用笔墨：老师怎样待我，我怎样待老师，都要写到。第四题则明确规定老师不是一位，而要写出个"们"来，而且，"你们"两字也规定了全文要用面对着老师的口吻来写，也就是用"第二人称"来写。

再看《我的一位同学》《记我的同学们》《记一位刻苦学习的同学》《我和同学×××》《×××同学二三事》，它们也各有不同。第一题规定是"一位"，第二题点明是"同学们"，第三题限定在"刻苦学习"方面，第四题要抓住"和"字，第五题别忘了写"二三事"，也就是几件事。

比较是一种好方法，通过比较可以加深对文题的认识，这在独立审题能力较差的时候尤有必要。比较审题的目的，其实是为了在没有比较性命题时（也就是说只出一个题目时），能很敏锐地抓住这个题目的特点。比如看到《记我的一段小学学习生活》，我们应该马上想到，它和《记我的小学学习生活》不同，要写"一段"；和《记一段小学学习生活》也不同，必须是"我的"；和《记我的一段小学生活》也不同，一定要写"学习"方面的生活。还有，写这篇文章的少年朋友，多半是小学高年级同学，特别可能已是中学生了，这个"记"字里面含着"回忆"的意思，和《记中队会》的"记"又有不同。经过这样一番考虑，就更能准确地把握题目的要求了。

为了提高审题能力，少年朋友们有时可以互相出几个比较性的题目作辨析，把辨析的结果写下来，去请教老师。这样多练习几次，你会发现自己在审题上，头脑灵活得多了。

作文思路打不开怎么办

思路打不开，有的是因为对题目的理解太狭窄，譬如《回忆我童年的伙伴》，有些同学看到这个作文题，认为写来写去，要好的小朋友都写遍了，实在没什么新的材料可写了，这样一想，思路就打不开了。其实"伙伴"可以从广义来理解，不仅指人，也可以指动物，甚至是没有生命的东西。这样，思路打开了，选材的范围就广了。有个同学就以这个题目写了一篇好作文，写的是童年时他的一个形影不离的伙伴——一架自装的三管半导体收音机。

思路打不开还有一种情况：有时候觉得题目跟自己平时积累的好素材对不上号，用不上。遇到这种情况，常常只要将素材稍加改造就能对上号的。

譬如，一位同学有这样一则材料：班上几个爱时髦的女生，经常穿着流行时装来上学，班内简直天天在进行"服装竞赛"。班主任为了引导同学树立正确和健康的审美观，在一次班会上举行了题为《谁的服装美》的"服装表演"，不仅让每个同学穿上自己最美的服装，而且要讲出自己认为它美的道理。

如果作文题是《××给我带来了欢乐》，可以写成《"服装表演"给我带来了欢乐》；如果作文题是《喜爱××的××》，那就写成《喜爱赶时髦的"模特儿"》；如果作文题是《××小记》，则写成《"模特儿"小记》或《"服装表演"班会小记》；如果题目是《同桌》，似乎很难对上号，但如果将爱时髦的女生写成是我的同桌，素材与作文题也就对上号了。

作文不会自己拟题目，怎么办

有时候，老师让我们为自己的文章取题目，这叫"自我命题"或"自行拟题"。

自己拟题，有哪些类型呢？以课文及习作为例：

1. 题目点明中心思想的：如《为人民服务》《伟大的友谊》《刻苦学习的×××》《宝贵的青春》《快乐的节日》等。

2. 题目点明时间的：如《一夜的工作》《冬晚》《暑假中》《校园的早晨》《今年的"六一"》等。

3. 题目点明地点的：如《火烧赤壁》《海上的日出》《三味书屋》《在仙台》《草地夜行》《发生在家里的事》等。

4. 题目点明景物的：如《林海》《海上的日出》《街头小景》《秋天的田野》《桂林山水》《公园速写》等。

5. 题目点明主要人物的：如《我的伯父鲁迅先生》《卖火柴的小女孩》

《詹天佑》《"百事管"爷爷》《我的妈妈》等。

6. 题目点明物的：如《一幅壮锦》《落花生》《第二十四号船》《帐篷》《小松鼠》《小木偶人》等。

7. 题目提出问题的：如《锯是怎样发明的》《幸福是什么》《周总理，你在哪里》《这是为了什么》《你爱游泳吗》等。

8. 题目规定体裁的；如《寓言三则》《革命烈士诗二首》《我的日记》《给老山前线战士的一封信》《小快板》等。

9. 题目交代线索的：如《鸡毛信》《一个苹果》《一个粗瓷大碗》《小米的回忆》《路的联想》等。

10. 题目含有比喻、象征意义的：如《晨光》《园丁赞》《海燕》《百合花》《花儿朵朵》等。

11. 题目选用人物语言的：如《你们想错了》《别了，我爱的中国》《要下雨了》《我送你上班去》《"兄弟便是朱德"》等。

自己拟题方式很多，有时老师给"母题"（如《记课余生活》），学生拟出不少"子题"（如《象棋迷的乐趣》《我们的合唱队》《读书会纪实》等）；有时老师限定体裁或规定中心思想；有时老师按语文课本提供的范文，让你们自己命题，有时让你们为已写成的文章取个题目；有时先拟题目再把文章写出来。总之，这些训练都是为了培养自拟题目的能力。

拟题的要求有以下几点：1. 要准确醒目。题目要与内容符合，不大，不小。2. 要精练得体。字数不能太多，要短小。3. 要生动新颖。要活泼而有新意，与众不同但又明白易懂。"空题"（如《理想》《为了幸福》太大太抽象），"老题"（如《暑假二三事》《寒假见闻》太缺少新鲜感）要避免。

看到题目，一时觉得没什么可写，怎么办

老师把作文题写出来后，小朋友有时会觉得没什么可写，比如有一道作文题是《童年趣事》，审题并不难，难的是要写出童年时有趣的事情来。有的小朋友觉得眼下没有什么有趣的事，于是心里不停地叫苦："没有什么

趣事，可怎么办呢？"其实这时最要紧的是既要紧张思考，又要平心静气，努力地在自己的生活中回忆、搜寻，最后总能找出有趣的事情来。

比如可能会回忆起读低年级时去解放军叔叔营房与他们联欢的事，有一年暑假看鱼鹰捉鱼的情景，有一回舅舅带去捉蟋蟀的事，到青岛去参加三好学生夏令营的事，参加课外活动小组跟金老师学变魔术的事，去年中队搞军事游戏的事……然后在这些回忆出来的事中，选出自己认为最有趣的来写。

又比如考卷上是这样的一个题目——《童年的朋友》，这是写人的，那么就努力回忆自己曾经交往过的朋友们（包括同学），结果回想起许多好朋友：三年级我的邻座钱藏春同学，四年级邻座的李之明同学，五年级经常和我在一起复习功课的江焰华同学，同里弄的小欣、小刚等朋友，家乡同村的小虎、小兔等朋友。就如鲁迅先生写的《少年闰土》，通过回忆，童年时"我"与闰土交往的事，以及一个生机勃勃的农村少年的风貌，就历历如在眼前了。闰土紫色圆脸，戴小毡帽，套银项圈，显得那么健康、天真、朴实；闰土捕鸟、捡贝壳、看瓜，是那么聪明能干、活泼可爱，知识是那么丰富；闰土讲述那些趣事，语言是那么质朴生动；而"我"和闰土分别后，他还给"我"贝壳、鸟毛，这种真诚热情，真使人读来激动不已。我们想象一下，当初鲁迅先生满怀热爱同情的心愿写这篇小说的时候，他正是浮想联翩，努力从记忆的仓库中把运水（闰土的原型）和其他农村儿童的可爱之处，重新寻觅了出来。

从以上的"回忆"，我们自然想到积累的重要性。如果我们平时注意积累写作的材料，养成勤观察、勤读书、勤思考、勤记录、勤练笔的良好习惯，有目的地在头脑中多贮藏人、事、景、物，那么就可以避免看到一个题目一时感到没什么好写的情形。相反，由于平时积累了不少材料，记在笔记本上，记在脑中，这时一看到题目，便能较快地完成回忆联想的过程，较快地选择好材料，进入安排材料、打草稿的阶段，并有时间进行认真的修改，把文章写得很出色。

文章开头有困难，怎么办

古人说一篇文章要写成"凤头、猪肚、豹尾"，意思是说开头不宜太大，要漂亮、俊秀；主文部分要充实、饱满；结尾不要拖拖沓沓，要结实、有力。古人还说过："起句当如爆竹，骤响易彻；结句当如撞钟，清音有余。"这话也说得极好，开头要像放炮仗，使人耳目为之一震；结尾要像敲钟，使人觉得余音不绝。

现在先来谈谈开头部分如何才能达到以上所说的如"凤头""如爆竹"，既紧扣中心，又新颖生动的要求。通常见到效果好的有以下几种方法：

1. "开门见山法"。如课文《我爱故乡的杨梅》开头："我的故乡在江南，我爱故乡的杨梅。"课文《小音乐家杨科》开头："从前波兰有个孩子叫杨科。……"写人的文章，一开"门"就写人，记事的文章，一开"门"就叙事，直截了当，不绕弯子。相反，不恰当的开头，常是戴大帽子、绕大圈子。如写召开一个会，却在开头作了一大段景物描写，这是要不得的。

2. "介绍背景法"。如课文《为人民歌唱》开头："一九四一年夏天，一个闷热的夜晚，在重庆一个礼堂里，青年学生组成的合唱团，公开演出冼星海创作的《黄河大合唱》，我担任独唱。"这样写是为了更清楚交代事情发生的大环境，可以说明意义、烘托气氛、衬托人物心情等。不正确的做法是片面理解节省笔墨，该交代的不交代，使读文章的人弄不清来龙去脉。

3. "提出问题法"。如习作《我的妈妈》开头："你爱看电影吗？你知道有一部优秀的电影《沙鸥》吗？你知道金鸡奖的最佳录音师是谁吗？告诉你，那就是我的妈妈。"这样的开头，用设问或反问提出问题，制造悬念，引人入胜。这种开头，不要搞成故弄玄虚，变成"无问题而问"。比如《我的妈妈》若用这样的开头就不好："同学，你认识我的妈妈吗？你知道她姓甚名谁吗？"这样的开头就令人生厌。

4. "描写景物法"。如习作《月光下的思忆》开头："今晚的月亮分外美，它犹如银盘悬挂在深邃的夜空。皎洁的月光是那样使人觉得温馨可

语文篇

亲。"先描写月夜景色，然后写道"快到中秋佳节了，'每逢佳节倍思亲'，我怎能忘记她——在教坛上耕耘三十年的陈芸珍老师。"

5."倒叙结局法"。如习作《寒假见闻》开头："这个寒假，我是在外公家过的。在那里，我听到和看到了不少事情，令人难以忘记。"

此外，开头还有"总起全文法"（如《詹天佑》）、"抒发情感法"（如《别了，我爱的中国》）、"开讲故事法"（如夏衍的《野草》）、"交代动机法"（如朱德的《母亲的回忆》）等。

写不好记一件事的文章怎么办

记叙文主要是记事写人，而写人也必定有事。所以记事是写作记叙文的基本功。记好一件事又是记事的基本功，只有学会写记一件事的记叙文，才有可能写好比较复杂的记叙文。写好记一件事的文章有以下3个关键点：

1. 把一件事记清楚。有的学生在一篇题为《记一件小事》的作文中这样写道：

> 我在马路上看到两个卖羊毛衫的人在卖假的羊毛衫，被一个顾客发现了。他们争吵了起来，卖羊毛衫的人把顾客打得鼻青眼肿的。后来，有人报告了派出所，警察很快来了，把卖羊毛衫的人带走了。

看了这篇文章，我们不禁会提出许多问题：

（1）这件事发生在什么时候？（2）这件事发生在什么地点？（3）顾客怎么会发现羊毛衫是假的？（4）顾客和卖主是怎么引起争执的？（5）卖主怎样殴打顾客，殴打后的结果怎样？（6）这件事又是怎样结束的？

由此可见，这个学生并没有把一件事记叙清楚。要把一件事记清楚，一定得把时间、地点、人物、起因、经过和事情的结果6个要素交代明白，拿上文的例子和"六要素"对照，至少可以发现有这样一些问题：（1）"时间"没说清楚。（2）"地点"不确定。（3）"事情的起因"含糊。（4）"事情的经过"笼统而不具体。

这篇作文写成下面这样，就比较清楚了：

> 今天下午放学的时候，我经过五一路大十字口。只见有一男一女两个年轻人在吆喝着叫卖羊毛衫，吸引了不少过路人。这时有两个外地顾客见羊毛衫式样和颜色都不错，价钱又便宜，一下子就买了四五件。他俩刚走，一个一直在一边看着的戴眼镜的年轻人就紧跟了上去，悄悄跟那两个外地人说了些什么。外地人很快气冲冲地赶回来，要求退款。可那个卖羊毛衫的男青年却一手抓住那个小个儿外地人的衣领，对准脸上就是一拳，外地人顿时血流满面。路人一下子把那两个卖羊毛衫的人围了起来，有的还要把他们送派出所。正在拉拉扯扯的时候，急速驶来了两辆响着警笛的三轮摩托，把两个卖羊毛衫的人带走了，另一辆摩托送那个受伤的外地人去医院了……

> 我觉得很奇怪：警察为什么会这么快赶到呢？这时，我想起了那个戴眼镜的年轻人。

2. 要有合理的结构。记叙有时间、地点、人物、起因、经过、结果六要素。但写起文章来却不是千篇一律地按这六要素的顺序机械地来写，而要根据表达主题的需要，在叙述时作些调整，结构就会显得更合理。譬如，上面这篇作文，就可以把"事情的结果"放在开头，"时间""地点"可以放在最后，在叙述了事情的始末后，再说说这件事发生的时间、地点。

3. 要感人。记一件事怎样才能感人？首先，要选择使自己感动的素材，这样才有可能在文章中写出"真情"，去感染读者、打动读者的心。其次，要把最使自己感动的地方作为重点详写精描，这样主次分明，有详有略，就容易收到感人的效果。

写不好记人的文章，怎么办

　　要写好记人的文章，首先要分清写人与记事的区别。写人的文章离不开记事；记事的文章也免不了要写人。这两类文章的区别在于，记事的文章着重于通过记叙具体的事件表现一个中心，而记人的文章则必须着力描写人物，写出人物的个性特征，从中表现人物的思想品质。在以写人为主的文章中，除了与记事的文章一样要求结构完整、条理清楚、详略得当外，最重要的是让所记的人物在作者的笔下"活"起来，让人读了有如见其人、如闻其声之感。要达到这一点，就要学会写人的种种方法。写人的方法，主要有：

　　1. 写人物的外貌。也叫肖像描写，主要是指人物的面貌、身材、姿态、表情和服饰打扮。恰当的肖像描写，可以表现不同人物的年龄、性别、职业、个人特征、精神状态等，给读者以鲜明的印象。如在《故乡》一文中，鲁迅对少年闰土作了这样的肖像描写：

　　　　他正在厨房里，紫色的圆脸，头戴一顶小毡帽，颈上套一个明晃晃的银项圈，这可见他的父亲十分爱他，怕他死去，所以在神佛面前许下心愿，用圈子将他套住了。他见人很怕羞，只是不怕我，没有旁人在的时候，便和我说话，于是不到半日，我们便熟识了。

　　读了这段肖像描写，读者可以感受到少年闰土是个受父母喜爱的淳朴健康的农村孩子。

　　肖像描写要注意2点：①要为表现人物性格服务，不要不顾需要不需要，张三、李四都给他来一段；②肖像描写要能写出人物的特色，人各有貌，切忌不管写什么人都是"乌黑的大眼睛，目光炯炯有神"。

　　2. 写人物的行动。把人物的行动写得具体、生动，才能把他的思想品质表现出来。例如《我的伯父鲁迅先生》一文，作者写她跟爸爸妈妈到伯父家去，路上遇到一个车夫因脚碰伤了坐在地上呻吟，伯父鲁迅知道后就拿了药和纱布，帮车夫消毒上药、包扎。通过写伯父鲁迅的一连串具体行动，表现了鲁迅关心劳动人民，诚恳地帮助劳苦大众的品质。俗话说"百言不如一行"。写好人物的行动，是表现人物性格和品质的最有力的手段。

3. 写人物的语言。要做到"什么人说什么话"，记人物的语言与人物的性格、年龄、生活经历及其所处的环境等相符合，使读者"从谈话里推见每个说话的人物"（鲁迅语）。刘班长高喊："同志们，为了解放江南人民，解放全中国，泅渡前进！"（《第二十四号船》）表现出战斗中上级下命令时的特定语言环境。

而《田寡妇看瓜》中写田寡妇不舍得把瓜给秋生，摘了个拳头大一个，嘴里还说："可惜了，正长呢！"这句话就非常符合人物的身份和当时的心情。

写人物的语言要注意几点：（1）写孩子说话不要用成人腔；（2）人物的语言要生活化，不要老是喊口号似地唱高调；（3）不要写与人物性格无关或不符的话；（4）各人的话要有各人的特点。

4. 写人物的内心活动。也叫心理描写。例如《穷人》中的桑娜把穷邻居西蒙死后扔下的小孩抱到自己家里，但又怕丈夫回来不同意，作品以一段心理描写，写出她内心的矛盾——自己有孩子还抱了两个邻居的孩子，写出她内心的恐惧——怕丈夫回来揍她，写出她内心的抉择——"揍我一顿也好"。通过这段心理描写，表现出穷困的桑娜，是多么善良而富于同情心！由此可见，心理描写的作用在于深刻地展示人物的精神面貌、性格特征。

以上说的 4 种写人的方法，并不是每篇写人的文章都要用上这 4 种方法。用哪些方法，要根据怎样写好你所要写的人来决定。所写的人不同，所用的方法也应该不同。这是不能千篇一律、强求规范的。

"写人""记事"容易混淆，怎么办

学生朋友们，请看这样一篇题为"我的老师"的文章：

我原来在胜利小学读书，有许多好老师，其中有一位是陈老师，我一直很想念她。

　　那是读二年级时，陈老师接我们班的图画课。她教我们画圆圈。我想圆圈要画得圆可不容易啊，那得花上多少力气啊！突然，我的手碰到口袋里的硬币，我连忙拿出来，放在纸上，用铅笔描了一圈，一个很圆的圆圈描在纸上了，坐在我右边的丁伟明提醒我："老师说不可以用圆规或别的圆东西描，要靠自己画出来。"我不理睬他，继续偷偷地描。

　　老师看到了，走过来要我当着她的面画一个圆，我只好硬着头皮画，好不容易画了一个，一点也不圆。我脸涨得通红。

　　这件事，我一直不能忘记，现在还记得非常清楚。我受到了教育，以后做什么事都不再马虎偷懒。敬爱的陈老师对我们要求严格，她永远鞭策着我。

　　这篇文章，从题目的要求来看，应该是"写人"的记叙文，也就是说在叙事写人中，以写人为主。"写人"和"记事"有什么不同？写人为主，把人物作为主要的描写对象，着重刻画人物的思想性格（或称"明显特点"），其中的叙事是围绕表现人物特点和思想感情的；记事为主，着力对事件总体或局部的描述，特别要把事情发生、发展、结束的时间顺序、空间位置交代清楚，要注意事件的完整性，其中的人物描写并不作为文章描写的主要任务，只要把跟事件有关的人物交代清楚就可以了。

　　按照"写人"的要求，上面的文章至少做以下修改：

　　1. 应该对陈老师的外貌略作描写。如"她四十出头，中等身材，长长的脸，戴着一副眼镜……"

　　2. 应该写写"陈老师用粉笔在黑板上画出许多大大小小、滚圆滚圆的圈"，说明她教学水平高，示范时能以身作则。

　　3. 应该记下陈老师看我画得"一点也不圆"后，耐心教育我的话，比如她说："它虽然不圆，但比你描出来的好得多了，不要急，慢慢会画圆的。"

4. "放学后，陈老师在办公室门前叫住我，她抚摸着我的头……"又可以写一些语重心长的教导。

5. "这件事"，明显的是"记事"的标志，要删去。为了突出人物，结尾可改成"从此，我画图一丝不苟，做什么事想偷懒的时候，忆起陈老师，就不再马虎了。敬爱的陈老师，她就是这样永远留在我的记忆中，永远鞭策着我。"

✿ 写不好景物描写，怎么办

不少同学作文时，喜欢描写景物，却又写不好，是什么原因呢？原因大致上有2点：①为描写景物而描写景物。如果单从写景的角度去看，这些同学描写的景物也许是成功的，但从全文看，这些景物描写是完全多余的，去掉也不影响文章的中心思想的表达。②抓不住景物的特征进行细腻的描写，只是干巴巴的几句，笔下的景物不生动、不具体。

那么怎样才能把景物描写好呢？

1. 写景必须为文章的中心服务，要有利于交代故事发生的环境，交代故事的社会背景。

例如课文《少年闰土》一开头的几句景物描写："深蓝的天空中挂着一轮金黄的圆月，下面是海边的沙地，都种着一望无际的碧绿的西瓜。"这段景物描写，巧妙地透露出当时的社会背景。少年闰土当时生活在无忧无虑的和平环境中，与中年闰土生长的连年战争的环境形成对比。这样的景物描写，有利于小说主题的突出。

2. 通过景物描写，是为了烘托一种气氛，来为表现人物的性格服务，突出人物的形象。

例如课文《飞夺泸定桥》中的一段景物描写："泸定桥离水面有几十丈高，是由十三根铁链组成的。两边各有两根，算是桥栏，底下并排九根……人走在上面摇摇晃晃，就像荡秋千一样……桥下红褐色的河水像瀑布一样，从上游山峡里倾泻下来，冲到岩石上，飞溅起一丈多高的浪花，水声震耳欲聋。"这一景物的描写，交代了大渡河的水急浪高，铁索桥的摇晃危险，烘托了过桥危险的气氛，是为22位英雄飞夺泸定桥服务的，突出了红军战士的英勇形象。

3. 描写景物要为抒发作者的思想感情服务。

要把对景色的描写与抒发自己的感情结合在一起，为突出中心服务。

从上面几个例子，我们可以看出景物描写是有它的作用的，只要我们在景物描写时注意这些问题，同时，又能注意抓住景物的特征，把所写的景物写具体、写生动，我们是可以把景物描写好的。

看图作文审不清图意，怎么办

看图作文的关键是审清图意。一般来说，看图作文所给的图有片段图（单幅）与情节图（多幅）两种。不管是片段图还是情节图，首先要看得细致入微，不要光满足于粗略的总体印象。同时，要边看边思索画面上为什么要出现这些东西。

如果是多幅的情节图，除了要细看每一幅图之外，还要分析每幅图之间的内在联系，想象出那些没有用图来表现的情节，使这几幅图所表现的情节丰富起来，连贯起来。

仔细观察，边看边想是看图作文审图的第一步，也是最重要的一步。

第二步要看图画有没有标题，有的图有标题，往往提示图意；有的图没有标题，我们就不妨想一想，应该加一个什么标题才合适。

第三步，再看图上有没有文字说明，如有文字说明，就要想一想这些话跟图意有什么关系。

最后想一想这幅图表达了作者的什么意图，抓住了作者的创作意图，也就抓住了画的中心思想。只有这样，作文才不至于离题。

不会正确使用成语，怎么办

平日里，小朋友们读书作文总要接触或用到许多成语。下面的这两个句子是从小学生作文中摘出来的。"上星期三，学校要我们班上派一位同学去抄黑板报，张广海听见了，他挺身而出，愿意去做这工作。"这里的"挺身而出"应改为"自告奋勇"。再看另一句："在学校里，就应该遵守学校的一切规章制度，学好各门功课，做一个名不虚传的学生。"句中的"名不虚传"实际上应是"名副其实"。显然，原来两个句子中的成语是误用了。

成语是人们长期以来习惯使用的，形式简洁而意思精辟，具有很强的表现力。这种特殊的固定词组，它有多种来源，有的源于神话寓言，例如"精卫填海"（《山海经》）；有的取材于历史故事，例如"四面楚歌"（《史记》）；有的摘于古代文献，例如"学而不厌"（《论语》）；有的流传于群众口头，例如"前车之鉴"（谚语"前车覆，后车戒"）。其中大部分来源于古代的书籍，这数量众多的成语已成为汉语词汇中的瑰宝，如今已在文章中普遍使用。同学们在使用成语时，首先必须真正理解它的含义，不能望文生义，随便拿来使用。否则，难免会误用成语，就像本文开头所举的两个病例那样。再比如"固若金汤"，就不能解释成"坚固得像金子的汤"。这句成语是说城防有像金属铸造的城墙，有像开水翻滚的护城河，形容城防坚固严密，不易攻破。

成语具有两大特点：完整性和凝固性。完整性指不但要知道成语的原意，更要知道它的引申义和比喻义。例如"胸有成竹"就不单指画竹子已有竹子形象存在，其具体含义则指做事之前已经有通盘的考虑。凝固性指不能任意移动成语的词序或改换其中的成分。譬如："九牛二虎"不能说成"二牛九虎"。

为了更好地运用成语，同学们应下一番苦功夫。

形容词用得不贴切，怎么办

一篇好的文章，常常用了不少贴切的形容词。我们的同学在作文时，也特别喜欢使用形容词，可不知为什么总不贴切，甚至会闹出笑话来。原因究竟在哪里呢？

1. 主要是没能把握住这些形容词的词义，仅停留在一知半解的基础上。例如：

> 星期天，我在家里学习烧菜，由于一时疏忽，竟把醋当成了酱油，结果红烧鸡酸得进不了口。我原以为家里人会冷嘲热讽的，却想不到爸爸、妈妈都用甜言蜜语来安慰我。

这个例子中，毛病出在"冷嘲热讽"和"甜言蜜语"这两个词的用法上。

2. 学习范文不考虑实际情况，生搬硬套，机械模仿，结果造成不贴切。例如：

> 有位同学写《我家的五盆菊花》，是模仿课文《林海》来写的："我家里种了五盆菊花，那一朵朵白色的菊花，不正像海边上的白色浪花吗？那一片片的绿叶，不正像波浪汹涌的浪花吗？"

显然这样的描写，是不考虑实际情况的生搬硬套，总共才五盆菊花，怎么能用海浪作比喻，那"波浪汹涌"等词，更是用得不贴切。

3. 分不清词的褒贬，不懂得词有感情色彩，结果造成不贴切。例如：

> 有位同学写的《一个值得敬佩的人》中有这样的一段话："只见前面来了两个人，其中一个手里还拿着一把匕首，向我们走近，低声下气地说：'把钱交出来，不然的话请你吃刀子！'几个女同学早已吓得发抖了，郑钢同学真勇敢，他见地上正巧有根木棒，

便拿在手里，大声喊道：'民警叔叔快来呀，这里有流氓！'边喊边肆无忌惮地冲上去。"

显然，这段话中"低声下气""肆无忌惮"，这两个贬义词用错了，"低声下气"应改为"恶狠狠"，"肆无忌惮"应改为"无所畏惧"才恰当。

由此可见，要使形容词用得贴切，关键在于要正确地理解词义，分清词的褒贬，注意词的感情色彩。只要我们平时多读范文，多积累词汇，使用时多开动脑筋，那么，形容词用得贴切也是不困难的。

怎样避免读错、写错、用错成语

成语简练生动，可是也容易读错、写错、用错。读写成语时，对形近、音近、音同的问题要慎重。"想当然"是要不得的，还是查查词典，吃准字音，理解词义，做到十拿九稳为好，免得把"恬（tián）不知耻"读成"括（guā）不知耻"，把"川流不息"写成"穿流不息"，等等。

查了词典，"含垢忍辱"的"垢"（gòu），就不致读成 hòu（后），"一蹴而成"的"蹴"（cù），就不致读成 jiù（就），"瞠（chēng）目结舌"不会读成"táng（堂）目结舌"，"刚愎（bì）自用"不会读成"刚 fù（腹）自用"，"面面相觑（qù）"不会读成"面面相 xū（虚）"。

查词典，知道"悔过自新"的"悔"是"悔改"的意思，"诲人不倦"的"诲"是"教导"的意思。懂得这两个字的区别，就不会写出"悔人不倦"了。"千钧一发"中的"钧"是古代重量单位，1 钧是 30 斤。用一根头发悬挂着 3 万斤重的东西，比喻极为危急。懂得这点，就不会写出"千钩一发"或"千均一发"了。

还有个问题必须注意：成语都是约定俗成的，就是说，某个成语长期以来被社会承认，因此固定下来，一直沿用到现在，那么就不可以随随便便改动。"洋洋得意"不可改成"洋洋乐意"，"远走高飞"不可改成"远跑高飞"，"举世闻名"不可改成"全世闻名"。

再来看看"用错"的例子。

有一位小朋友写下这样的句子："暑假的一天，我去海滨游泳，我被太阳晒得黑不溜秋，体无完肤。"两个年龄差不多的青年工人在对话，一个对另一个这样说："你比我大一岁，可是你懂得的比我多，我应该向你不耻下问。"

"体无完肤"是说全身没有一块完好的皮肤，形容遍体鳞伤。"不耻下问"，指向学问比自己差的或职位辈分比自己低的人请教，不认为可耻。所以说，上面说的那位小朋友和那个青年工人把成语用错了。

要防止读错、写错、用错成语，必须清楚透彻地理解成语的意义，甚至包括了解成语的来源。我们了解了南郭先生"滥竽充数"的故事，就不至于把"竽"写成"芋"，把"滥"写成"烂"了。读过廉颇蔺相如的故事，就不至于把"完璧归赵"写成"完壁归赵"了。记住"守株待兔"的寓言，就不至于把"株"（这里指"树桩子"）写成别的字了。懂得"再接再厉"中的"厉"就是"砺"，是"磨快"的意思，就不会写出"再接再励"这样错误的"成语"了。

少年朋友，为了避免读、写、用成语时的错误，要勤查成语词典或其他词典，使成语真正起到言简意赅、以一胜十的作用。

怎样区分明喻和暗喻

比喻是最常见的修辞方式，是用具体的、浅显的、熟知的事物去对抽象的、深奥的、生疏的事物打比方，是为了把话说得更生动形象。请看下面的比喻句：

"远看长城，它像一条长龙，在崇山峻岭之间蜿蜒盘旋。"

"老头儿打呼噜像擂鼓一般。"

这里的比喻句由3个部分组成：被比喻的事物（"长城""老头儿打呼噜"）叫"本体"，作比喻的事物（"一条长龙""擂鼓"）叫喻体；连接本体和喻体的词（"像""像……一般"）叫"比喻词"。

一切明喻，要求本体、喻体、比喻词都出现。如下面这些比喻句用的都是明喻：

1. 清波似绿绸，浪花赛白雪。

2. 她好比长了翅膀，飞快地奔去。

3. 必须如蜜蜂一样，采过许多花，这才能酿出蜜来。

这些句子中，"清波""浪花""她……飞快地奔去"是本体；"绿绸""白雪""长了翅膀""蜜蜂采过许多花，这才能酿出蜜来"，都是喻体；比喻词是"似""赛""好比""如……一样"。

暗喻也要求出现本体、喻体，但用"是""成为""变成"等带有判断性质的词代替"像""好像"等比喻词。如下面这些比喻句都是用的暗喻：

1. 共产党像太阳。

2. 小岛就是战士的家，战士热爱这里的每一寸土地。

3. 少先队员要成为国家的栋梁，只有从德智体美劳等方面作不懈的努力。

4. 从飞机上往下看，大河变成了一条素白的带子。

这些句子中，"共产党""小岛""少先队员""大河"都是本体，"太阳""战士的家""国家的栋梁""素白的带子"都是喻体，比喻词由"像""就是""成为""变成"代替了。

从上面的例子，我们可以总结出这样的"格式"：

明喻——甲像（好像、好比、如、如同、仿佛、像……一样）乙。

暗喻——甲是（就是、成为、变为、变成）乙。

现在请你试着运用明喻和暗喻来造句。

造句时要注意这两点：

1. 喻体和本体不是同一事物，但有相似之处。"他的小脸红得像苹果"，可以；"他的小脸红得像一块燃着的煤"，不行。2. 注意要选用具体、浅显、熟悉的事物，来比喻抽象、深奥、陌生的事物。如"老师和同学们对我殷切的期望，就像春水一样，流淌到我的心中，流遍我的全身。"

怎样区分对偶、排比、反复

什么是对偶？请看："野火烧不尽，春风吹又生。"两句字数相等，结构相同，成双成对，表示相同或相反的意思（"野火"对"春风"，"烧"对"吹"，"不"对"又"，尽"对"生"），这就是对偶。"五岭逶迤腾细浪，乌蒙磅礴走泥丸"，"五岭"对"乌蒙"，"逶迤"对"磅礴"，"腾"对"走"，"细浪"对"泥丸"。这两句也是对偶句。又如"生的伟大，死的光荣"，"两个黄鹂鸣翠柳，一行白鹭上青天"，都是对偶。

什么是排比？请看："漓江的水真静啊，静得让你感觉不到它的流动；漓江的水真清啊，清得可以看见江底的沙石；漓江的水真绿啊，绿得仿佛那是一块无瑕的翡翠。""保卫家乡，保卫黄河，保卫华北，保卫全中国！"像这样结构相似，意义相近，语气连贯的 3 个或 3 个以上的语句连用，叫排比。而"石头像雹子一样，带着五壮士的决心，带着中国人民的仇恨，向敌人头上砸去。"这里的"带着……"不是排比句，因为没有达到"三句连用"。

什么是反复？有意地将某些词语、句子或自然段多次（至少两次）出现，叫做反复。请看："风在吼，马在叫，黄河在咆哮，黄河在咆哮！"这叫做"连续反复"。"黄继光站起来了，在弹雨中站起来了。"这叫做"间隔反复"。在《别了，我爱的中国》中，开头、中间、结尾都有"别了，我爱的中国，我全心爱着的中国！"这也是反复，间隔反复。

现在把对偶句、排比句、反复句比较一下，可以看出：

1. 对偶的特点是成双成对，字数相等（如"横眉冷对千夫指，俯首甘为孺子牛"）。排比的特点是成排成串（3 项以上），字数相近（如"为了整个班，为了整个潜伏部队，为了这次战斗的胜利，邱少云像千斤巨石一般，趴在火堆里一动也不动。"）。反复的特点是连续反复或间隔反复的语句，字数基本相等（如："鸟的天堂的确是鸟的天堂啊！"）。

2. 对偶句避免出现同一词语，排比句经常出现相同词语，反复句必定出现相同词语。

3. 对偶句讲究对称，音节和谐，排比句语意连贯，富有气势，反复句强调思想，渲染感情。

下面再举出一些例句，给你分辨：

（1）时间就是生命，时间就是速度，时间就是力量，少年们，请珍惜时间，努力学习，准备为人民作出贡献。（排比）

（2）白日依山尽，黄河入海流。（对偶）

（3）总理呵，我们的好总理！你就在这里呵，就在这里！——在这里，在这里，在这里……你永远和我们在一起，——在一起，在一起，在一起……（反复）

为什么坚持写日记，作文水平却没有提高

许多青少年朋友都有写日记的良好习惯，并把日记当做自己的好朋友，通过日记来写景、抒情、叙事等，这是很好的。可是，有的同学尽管很勤奋、很认真地写日记，可就是无法提高自己的写作水平。这是什么原因呢？

首先，记日记和写作文的心理负荷不一样。记日记是为自己写的，给自己看的，而作文是写给别人评议的，作文时自己给自己提出了更高的要求，也给自己无形之中增加了压力。

其次，日记和作文的结构、职能不一样。日记不受篇幅长短的限制，可长可短，可自责，可感叹，自由之至；作文则不同，它是学生根据老师的要求写的一种作业，长短得规范，不能太自由。

尽管如此，常写日记的人，作文成绩应该日益提高，"熟能生巧"嘛！再说，日记和作文的写法都需要一定的驾驭语言的能力，即掌握足够量的语法、逻辑与修辞知识，并非"隔行"。通过写日记来提高写作文的水平，这种做法是正确的，也可以见到很大的成效。但也要注意：

1. 主动进行心理调整，记日记如写作文一样严肃，写作文像记日记一样轻松。

2. 将两者文体的风格距离拉近，规定日记的篇幅，逼迫自己使用若干

种修辞手法，不仅要叙事，还要写景、写物、议论、抒情。

3. 采用多种文体记日记。日记可以写成记叙文，也可以写成散文诗、小言论、通讯、特写、杂文、断句等。

4. 细察善思，做个有心人。"每天的太阳都是新的"，只要善于思考，每篇日记都能写出新意来，有了创新，进步就在其中了。

数学篇

不会阅读数学课本怎么办

不少同学都认为，语文课本要经常阅读，数学只要会做题目就行了，数学课本有什么可读的？数学课本又该怎么读呢？

数学课本上的文字，都是很精练的，特别是一些定理、定律、定义，多一个字不行，少一个字也不行，连字序都不能有一点变动。因此一定要认真阅读，一字一句地读，反复思考，才能深刻领会其中的含义。

例如，梯形的定义是：只有一组对边平行的四边形叫做梯形。仔细研究一下，你能去掉哪一个字吗？如果去掉"只"字，那么平行四边形、长方形、正方形不就都成了梯形吗？

又如关于角的度量，课本上有这样一段话：

量角器的中心和角的顶重合，零度刻度线和角的一条边重合，角的另一条边所对的量角器上的刻度，就是这个角的度数。如下图所示，∠1 = 50°。

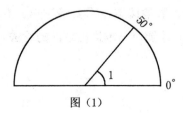

图（1）

1. 零度刻度线和角的一条边不重合，能量出角的大小吗？

按下图放量角器，角的两条边和两条刻度线重合，分别是 60° 和 110°。

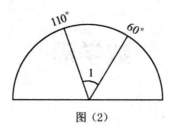

图（2）

那么，相减的差就是这个角的大小，即 $\angle 1 = 110° - 60° = 50°$。显然，课本上讲述的量角器基本用法，不能看做唯一用法。

2. 这种量法有优越性吗？

量一个角的大小时，这种量法不如课本上的量法简单，但量有公共顶点的几个角大小，哪种量法合理？

按下图的位置放量角器。一个角的度数可读出。

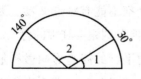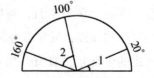

图（3）

另一角的度数是两条边重合的刻度数的差。解答如下：

（1） $\angle 1 = 30°$，$\angle 2 = 140° - 30° = 110°$

（2） $\angle 1 = 20°$，$\angle 2 = 160° - 100° = 60°$

这样可减少移动量角器的次数，因此，做这类题目时，这种量法确实是好办法。

上述例子告诉我们：数学课本也需要经常读，并且边读边想，通过举例、提问、整理等途径，才能对书本读出自己的看法。

数学公式、概念记不住怎么办

要能及时、牢固地记住数学公式、概念，一般要做到：复习要及时，记忆要得法。

记忆能力各人虽有差异，但主要靠训练。根据心理学家的实验证实，学习总是要遗忘的，特别是数学公式、概念，如不及时复习，就会很快遗忘。所以，新学习的数学公式、概念，当天必须复习一遍，然后可隔天、隔周复习一次，直到记牢为止。

要熟记数学公式、概念，还要讲究记忆方法。方法好，可以帮助记忆，不易遗忘。数学公式、概念的记忆方法很多，下面介绍几种常用的记忆方法。

1. 口诀记忆法。把数学公式、概念归纳成简练顺口的语言，易读易记，利于掌握。例如梯形面积公式 $s = (a + b) \times h \div 2$，即梯形的上底加下底，乘以它们的高，再除以 2。如果编成口诀："上底加下底，乘高得面积，除 2 勿忘记。"那么这个公式就能记得牢了。

2. 形象记忆法。把数学公式、概念通过想象、联想与某种自己熟悉的东西联系起来，可有助于记住数学的公式、概念。如 $\pi = 3.1415926\cdots\cdots$ 古时有人把 "3.14159" 念成 "山中一寺一壶酒"，一下子就记住了。又如乘法分配律 $(a + b) \times c = a \times c + b \times c$。有人这样想：两个人遇着一个好朋友，大家见面都应握一次手，否则是不礼貌的。所以 $(a + b) \times c$，要 $a \times c, b \times c$，再把它们的积加起来。这样一想，就不会记错了。

像上面这样的例子很多，同学们应该在学习中加以归纳、总结。

怎样才能算得快

人们的生产和生活都离不开数的计算。根据实际需要不仅要做到计算正确，同时要求计算迅速。可是在计算过程中，同学们又往往算不快，怎么办呢？掌握一些速算方法是提高计算速度的有效措施。下面介绍几种常见的方法。

1. 翻一番，折一半

一个数乘以 2 时，原数翻一番，除以 2 时，原数折一半。如：2950 × 4，将 2950 翻一番得 5900，再将 5900 翻一番得 11800；反之 11800 ÷ 4，将 11800 折一半得 5900，再折一半得 2950。

同理，一个数乘以 5，先乘以 10，再折一半；反之，一个数除以 5，先除以 10，再翻一番。

2. 加半定积法

一个数乘以 15、150、1500、0.15 等，我们先将这个数加上它的一半，再根据它与 10 的关系定积。

如：$24 \times 1.5 = 24 + 12 = 36$（表示一个 24，加半个 24）

$24 \times 150 = 24 \times 1.5 \times 100 = 3600$

$24 \times 1500 = 24 \times 1.5 \times 1000 = 36000$

$24 \times 0.15 = 3.6$

3. 首同末合十

两个数相乘，它们的首位相同，末位的和为十。计算方法如下：

$64 \times 66 = (6 \times 6 + 6) \times 100 + 4 \times 6 = 4224$

有时是末同首合十。如：$37 \times 77 = (3 \times 7 + 7) \times 100 + 7 \times 7 = 2849$。再如：$28 \times 44 = (2 \times 4 + 4) \times 100 + 8 \times 4 = 1232$，这道题的特点是一个数的两个数位上的数字和为十，另一个两个数字相同，也可以用上述方法解答，我们用一个式子表示。

（首 × 首 + 同）× 100 + 尾 × 尾 = 积

4. 十几乘以十几

十几乘以十几的方法是：（被乘数 + 乘数尾）× 10 + 尾 × 尾 = 积。如 $18 \times 17 = (18 + 7) \times 10 + 8 \times 7 = 306$。

同理：

$24 \times 26 = (24 + 6) \times 20 + 4 \times 6 = 624$

$35 \times 36 = (35 + 6) \times 30 + 5 \times 6 = 1260$

$92 \times 98 = (92 + 8) \times 90 + 2 \times 8 = 9016$

运用上述 4 种方法，请你计算下列各题：

63 × 67　　63 × 43　　48 × 1.5　　54 × 52

21 × 29　　75 × 35　　72 × 150　　73 × 74

 不会速算，怎么办

速算是简便的计算方法。速算的方法很多，有的是用运算定律或性质进行计算的。如：

$9.76 - (6.76 + 1.88) = 9.76 - 6.76 - 1.88 = 1.12$

$2.5 \times 8.7 \times 0.4 = 2.5 \times 0.4 \times 8.7 = 8.7$

$56 \div (2.5 \times 7) = 56 \div 7 \div 2.5 = 8 \div 2.5 = 3.2$

以上各题是运用运算性质改变运算的顺序，使运算简便。

有的是应用和、差、积、商的变化规律，把已知数转化为整十、整百、整千的数进行运算。如：

$375 + 199 = 375 + 200 - 1 = 574$

$806 - 548 = 800 - 548 + 6 = 258$

$3600 \div 125 = 3600 \div 1000 \times 8 = 28.8$

有些题目，可以把已知数适当进行分解，然后运用运算性质，使运算简化，达到速算的目的。如：

$25 \times 32 \times 125 = 25 \times 4 \times 8 \times 125 = 100000$

$67 \times 999 = 67 \times (1000 - 1) = 66933$

$854 \times 11 = 854 \times (10 + 1) = 8540 + 854 = 9394$

有时需要根据已知数的特点灵活运用速算方法。如：$(62.7 \times 5 + 62.7 + 62.7 + 62.7) \times 0.125$，可以有以下几种解答方法。

(1)$(62.7 \times 5 + 62.7 + 62.7 + 62.7) \times 0.125$

$= (313.5 + 62.7 + 62.7 + 62.7) \times 0.125$

$$= (438.9 + 62.7) \times 0.125$$

$$= 501.6 \times 0.125$$

$$= 62.7$$

（2）$(62.7 \times 5 + 62.7 + 62.7 + 62.7) \times 0.125$

$$= (62.7 \times 5 + 62.7 \times 3) \times 0.125$$

$$= (313.5 + 188.1) \times 0.125$$

$$= 501.6 \times 0.125$$

$$= 62.7$$

（3）$(62.7 \times 5 + 62.7 + 62.7 + 62.7) \times 0.125$

$$= (313.5 + 188.1) \times 0.125$$

$$= 501.6 \times 0.125$$

$$= 62.7$$

（4）$(62.7 \times 5 + 62.7 + 62.7 + 62.7) \times 0.125$

$$= 62.7 \times (5 + 3) \times 0.125$$

$$= 62.7$$

显然，这4种方法，第四种最简便。

怎样快速计算一个数的平方

在计算物体面积或体积时，常常要用到求一个数的平方，怎样才能正确迅速地求得一个数的平方呢？下面分别作些介绍。

10以内数的平方，不要证明，可用表内乘法口诀求得：

$1^2 = 1$ $2^2 = 4$ $3^2 = 9$ $4^2 = 16$ $5^2 = 25$

$6^2 = 36$ $7^2 = 49$ $8^2 = 64$ $9^2 = 81$ $10^2 = 100$

11~20以内的数的平方，适当可记忆一下：

$11^2 = 121$ $12^2 = 144$ $13^2 = 169$ $14^2 = 196$ $15^2 = 225$

$16^2 = 256$ $17^2 = 289$ $18^2 = 324$ $19^2 = 361$ $20^2 = 400$

除了上述常用数据以外，对一些特殊数求平方可采取巧算的办法。如：个位是 5 的两位数平方。

45^2：因为 $(4+1) \times 4 = 20$，在 20 后面写上 25，所以 $45^2 = 2025$。

65^2：因为 $(6+1) \times 6 = 42$，在 42 后面写上 25，所以 $65^2 = 4225$。

根据上面两个例子可以知道个位是 5 的两位数平方，只要在它的十位上加 1，再乘以十位数，末尾加 25。检验 $75^2 = 5625$，是否正确：

$$
\begin{array}{r}
7\,5 \\
\times \quad 7\,5 \\
\hline
3\,7\,5 \\
5\,2\,5 \quad\ \\
\hline
5\,6\,2\,5 \\
\end{array}
$$

$(7+1) \times 7 = 56$，末两位加 25 得 5625。那个位不是 5 的一般的两位数，怎样求它的平方呢？

如：
$$
\begin{aligned}
26^2 &= (26+4) \times (26-4) + 4 \times 4 \\
&= 30 \times 22 + 16 \\
&= 660 + 16 \\
&= 676 \\
84^2 &= (84+6) \times (84-6) + 6 \times 6 \\
&= 90 \times 78 + 36 \\
&= 7020 + 36 \\
&= 7056
\end{aligned}
$$

方法：

（1）两位数加上个位与十的差，作为被乘数。

（2）两位数减去个位与十的差，作为乘数。

（3）加上个位与十的差的平方。检验 $79^2 = 6241$ 是否正确。

$$
\begin{array}{r}
7\,9 \\
\times \quad 7\,9 \\
\hline
7\,1\,1 \\
5\,5\,3 \quad\ \\
\hline
6\,2\,4\,1 \\
\end{array}
$$

$$(79 + 1) \times (79 - 1) + 1 \times 1$$
$$= 80 \times 78 + 1$$
$$= 6240 + 1$$
$$= 6241$$

请用这种计算平方的方法，自己找一个任意数试试。

单位换算常出错怎么办

熟练掌握单位之间的换算方法，应从下面几方面做起。

1. 要熟记有关单位的进率。如：1 米 = 10 分米，1 分米 = 10 厘米，1 平方米 = 100 平方分米，1 立方米 = 1000 立方分米等。记住长度单位之间进率是 10；面积单位之间进率为 100；体积单位之间进率是 1000 等。又如时间单位的进率是：1 小时 = 60 分，1 分 = 60 秒；而 1 年 = 12 个月，每个月有大月、小月；还有平年、闰年等。要熟记，这样在单位换算时，才不会做错。

2. 要理解单位的实际含义。如 1 米有多长，自己要有个感性认识，1 千克大约有多重，也应有个体会，等等。又如汽车运货一般都是用吨这个单位，汽车每小时约行 50 千米等等，对这些常识也要有些基本了解，在换算单位时，就可以估算一下，不会弄错。

3. 要掌握换算的方法。"换算"又称为单位的化聚。化是将高级单位化为低级单位，一般用高级单位乘以进率；聚是将低级单位化成高级单位，一般用低级单位除以进率。例如：

（1）3 吨 200 千克 = （　　　）千克

这是"化"，1 吨 = 1000 千克，1000 × 3 = 3000（千克）

则 3 吨 200 千克 = （3000 + 200）= 3200 千克

（2）5.3 吨 = （　　　）吨（　　　）千克

这也是"化"，只要将 0.3 吨化为千克就行。

1000 × 0.3 = 300（千克）

则 5.3 吨 = 5 吨 300 千克

（3） 4500 千克 = （　　） 吨

这是"聚"，1 吨 = 1000 千克，4500÷1000 = 4.5（吨）

则 4500 千克 = 4.5 吨

（4） 135 厘米 = （　　） 米

这是"聚"，1 米 = 100 厘米，135÷100 = 1.35（米）

则 135 厘米 = 1.35 米

（5） 7 小时 48 分 = （　　） 小时

这是"聚"，1 小时 = 60 分钟，48÷60 = 0.8（小时）

则 7 小时 48 分 = 7.8 小时

相近或相似的概念常会混淆，怎么办

数学概念中有许多是相近或相似的，为了区分这些概念，要对它们作比较，确定异同点。如质数与奇数，合数与偶数的概念可以这样理解：

从约数的个数来分 $\begin{cases} 质数只有两个约数 \\ 合数有两个以上约数 \\ 1 只有一个约数 \end{cases}$

整除特征来分 $\begin{cases} 偶数是能被 2 整除的 \\ 奇数是不能被 2 整除的 \end{cases}$

再看几个特殊情况：2 是质数又是偶数，其余的质数都是奇数；1 既不是质数也不是合数，但它是奇数；4 是偶数又是合数；9 是奇数又是合数。所以合数可能是偶数，也可能是奇数。再如序数和基数。用来表示自然数多少的数叫基数，用来表示自然数次序的数叫序数。如同学们做操，从左往右报数，最右面的一位同学是"20"，这个数"20"既表示这队同学的人数，20 个人为基数，又可以表示最右面的一位同学是第 20 位，20 是序数。

报 4 号的同学是第 4 位，4 是序数。这列队伍共有 10 个人，10 是基数。

怎样进行分数、小数、百分数的互化

分数和小数的互化，是学习分数、小数混合运算的基础。

小数是分数的特殊形式，一般都可以直接写成分母是 10、100、1000……的分数。一位小数写成分母是 10 的分数，二位小数写成分母是 100 的分数，三位小数写成分母是 1000 的分数……如果化成的分数不是最简分数，要化成最简分数。如：$0.9 = \frac{9}{10}$、$0.24 = \frac{24}{100} = \frac{6}{26}$。

分数化小数只要利用分数与除法的关系，将分子除以分母，即可化成小数。如：$\frac{3}{4} = 3 \div 4 = 0.75$，$\frac{1}{6} = 1 \div 6 \approx 0.17$。

从分数化小数的过程中，可以看到有时化成的小数是有限小数，有时化成循环小数。

如果分母的质因数只有 2 和 5，不含有其他的质因数，这个分数能化成有限小数。如 $\frac{3}{4}$ 的分母只含有质因数 2，所以它能化成有限小数。如果分母含有 2 和 5 以外的质因数，这个分数不能化成有限小数。如 $\frac{1}{6}$ 的分母 6，含有质因数 2，还含有质因数 3，所以它不能化成有限小数。必须注意，这个分数必须是最简分数。

为了提高分数、小数互化的准确性和迅速性，一些常用的数据必须要熟记。$\frac{1}{2} = 0.5$，$\frac{1}{4} = 0.25$，$\frac{1}{5} = 0.2$，$\frac{1}{8} = 0.125$，$\frac{1}{25} = 0.04$。

有了这些常用数据，可以推算出其他数据。如：$\frac{1}{25} = 0.04$，推算 $\frac{3}{25} = 0.04 \times 3 = 0.12$，$\frac{7}{25} = 0.04 \times 7 = 0.28……$，推算 $\frac{5}{8} = 0.125 \times 5 = 0.625$，$\frac{7}{8} = 0.125 \times 7 = 0.875……$

百分数与小数的互化，只要移动小数点位置即可。如：$0.75 = 75\%$，

$0.8 = 80\%$，$43\% = 0.43$，$9.64\% = 0.0964$。

百分数化成小数，只要去掉百分号，并将小数点向左移动两位即可。小数化百分数，只要将小数点向右移动两位，添上百分号即可。分数可以先化成小数，再化成百分数。

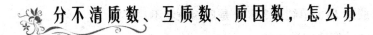 分不清质数、互质数、质因数，怎么办

质数是一个数，这个数的约数只有 1 和它本身。如 17 的约数只有 1 和 17，所以 17 是质数。质数的个数是无穷的，因为自然数的个数是无穷的，没有最大的自然数，所以也没有最大的质数。

互质数是对两个数的关系来说的，如果两个数的公约数只有 1，那么这两个数是互质数。如 7 和 9 的公约数只有 1、7 和 9 是互质数。所以互质数是两个数的相互关系。

观察下面几组数。

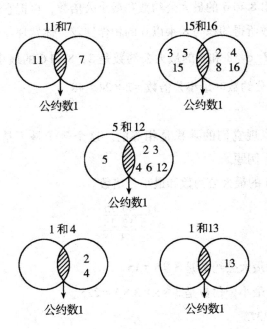

你是否发现两个数互质，可以两个都是质数，可以两个都是合数，也可以一个是质数一个是合数。1 和质数或 1 和合数也可以组成互质数。

任何两个质数都是互质数，互质的两个数不一定是质数。

每个合数都可以写成几个质数相乘的形式，这几个质数叫做这个合数的质因数。质因数是对被分解的合数来说的。如：$15 = 3 \times 5$，3 和 5 都是 15 的质因数，如果脱离 15，单纯讲 3 和 5 是质因数就不对了。

一般用短除法分解质因数，如：

$$\begin{array}{r|r} 2 & 114 \\ \hline 3 & 57 \\ \hline & 19 \end{array}$$

$$114 = 2 \times 3 \times 19。$$

不会按最大公约数或最小公倍数求其中一个数，怎么办

先请你求出 8 和 6 的最大公约数和最小公倍数，再把它们的最大公约数乘以最小公倍数所得的积与 8 乘以 6 的积作比较，你发现什么？

分析：$2 \,\underline{|\, 8 \quad 6}$ 8 和 6 的最大公约数是 2，8 和 6 的最小公倍数是 $2 \times 4 \times 3 = 24$。最大公约数 × 最小公倍数 $= 2 \times 24 = 48$

$8 \times 6 = 48$。

你们是否发现它们的乘积是相等的。这个例子是不是具有偶然性呢？让我们再看一个例题。

求 45 和 75 的最大公约数和最小公倍数。

$$\begin{array}{r|rr} 3 & 45 & 75 \\ \hline 5 & 15 & 25 \\ \hline & 3 & 5 \end{array}$$

45 和 75 的最大公约数是 $3 \times 5 = 15$。

45 和 75 的最小公倍数是 $3 \times 5 \times 3 \times 5 = 225$。

$15 \times 225 = 3375$

$45 \times 75 = 3375$

你们自己再举几个例题试一试，看看是否都有这个规律。

根据这个规律，我们可以根据最大公约数和最小公倍数，求其中一个数。

例：甲乙两数的最大公约数是 3，最小公倍数是 45，如果甲数是 9，那么乙数是多少？

分析：甲乙两数的最大公约数是 3，最小公倍数是 45，它们的乘积是 $3 \times 45 = 135$。

甲数乘乙数的积也要等于 135，根据题意，甲数是 9，换句话说 $9 \times$ 乙数 $= 135$。

乙数 $= 135 \div 9 = 15$。

怎样灵活运用运算定律

运用运算定律和性质可以使某些四则运算简便，但使用这些定律和性质时必须合理、灵活。要根据题目的不同特点，选择算法。如：

$$199 \times (5\frac{11}{18} + 2.5 + 14\frac{7}{18} + 6\frac{1}{2})$$

观察算式，它是由两个部分组合。

小括号内 4 个分、小数连加，如果使用加法交换结合律，可很快求出括号内的答数。括号外是 199 乘以一个数，使用乘法分配律可以使运算简便。

解：$199 \times (5\frac{11}{18} + 2.5 + 14\frac{7}{18} + 6\frac{1}{12})$

$= 199 \times 29$

$= 5771$

也可以这样算：

$199 \times (5\frac{11}{18} + 2.5 + 14\frac{7}{18} + 6\frac{1}{12})$

$= (200 - 1) \times (30 - 1)$

$= 199 \times (30 - 1)$

$= 5771$

又如：$12.4 \times 1\frac{1}{4} + 1\frac{1}{4} \times 2\frac{3}{5} + 1 \div \frac{4}{5}$

$= (12.4 + 2.6 + 1) \times 1\frac{1}{4}$

$= 16 \times 1\frac{1}{4}$

$= 20$

观察题意，式中 $1 \div \frac{4}{5}$ 也就是 $1 \times 1\frac{1}{4}$，这样转化后，与前面算式组合，就可运用运算定律解答了。

又如：$(3664 \times 3\frac{1}{2} + 1876 \times 3\frac{1}{2}) \times \frac{2}{7}$

$= 3664 \times 3\frac{1}{2} \times \frac{2}{7} + 1876 \times 3\frac{1}{2} \times \frac{2}{7}$

$(3\frac{1}{2} \times \frac{2}{7} = 1)$

$= 3664 + 1876$

$= 5540$

有些题目，表面上看似乎不能用简便方法计算，但是通过一两次计算后，就可以运用运算定律或性质来简化算式。如：

$546 \times 0.235 + 935 \times 0.148 + 0.935 \times 852 + 0.454 \times 235$

$= 0.546 \times 235 + 0.454 \times 235 + 0.935 \times 148 + 0.935 \times 852$

$= (0.546 + 0.454) \times 235 + 0.935 \times (148 + 852)$

$= 235 + 935$

$= 1170$

有些题要先将题中一些数据作些处理。如运用小数点移位的知识，移动小数点的位置，经过移位使算式带有一定的特殊性。

通过以上分析，运用运算定律和性质使运算简便，要根据题目的实际情况，灵活应用。

四则混合运算常会出错，怎么办

什么是四则混合运算？在算式中包含加、减、乘、除的运算叫"四则混合运算"。在四则运算中，所规定的计算的先后次序，叫做运算顺序。要改变运算顺序，就要使用中、小括号。为了保证运算的正确性，应注意以下几点：

1. 认真审题。式题与应用题一样，也需要在解题前仔细观察题目，弄清先算什么，再算什么。如：

$$(9.2 + 3\frac{1}{5} \times \frac{5}{16}) \div (10\frac{1}{2} - 9.5) \qquad 40 \div [1.2 + (10 - 0.3) \times 4]$$

2. 要认真分析题目中的数字特征，防止数与数之间的干扰。如：

$$1.2 \times 1.2 \div 1.2 \times 1.2$$
$$= 1.44 \div 1.44$$
$$= 1$$

$$(15.6 - 15.6) \times (2.4 - 2.4)$$
$$= 0 \times 0$$
$$= 0$$

由于数的典型性，同学们在解答时往往把运算顺序丢在脑后，而造成计算结果的错误。

3. 恰当运用学过的运算定律、性质，使计算既正确、迅速，又合理、灵活。如：

$$7\frac{1}{5} \times 1.25 + 1.25 \times 2\frac{4}{5}$$
$$= 1.25 \times (7\frac{1}{5} + 2\frac{4}{5})$$
$$= 1.25 \times 10$$
$$= 12.5$$

$$2\frac{5}{7} - 1.37 - 0.63 + \frac{2}{7}$$

$$= 2\frac{5}{7} - (1.37 + 0.63) + \frac{2}{7}$$

$$= 2\frac{5}{7} - 2 + \frac{2}{7}$$

$$= 1$$

4. 草式计算时，加减法要注意进位与退位，乘除法要注意中间或末尾的零，小数运算注意小数点的处理，分数计算注意通分、约分的正确性。

5. 书写规范化是防止抄错题或抄错答案的措施之一。

如：

$$\frac{1}{2} - \frac{1}{2} \div \left(\frac{1}{4} \times 3\frac{3}{7} + \frac{1}{3} \times 3\frac{3}{7}\right) - \frac{1}{4}$$

（合理使用定律）

$$= \frac{1}{2} - \frac{1}{2} \div 2 - \frac{1}{4}$$

（注意运算顺序）

$$= \frac{1}{2} - \frac{1}{4} - \frac{1}{4}$$

（注意数的特征 $\frac{1}{4} - \frac{1}{4} = 0$）

$$= 0$$

不会用去九验算法，怎么办

任何一个整数，把它的各位数字加起来，求得一个数，这个数如果大于一位数，就把这个数的各位数字加起来，一直到得数是个一位数为止，这个一位数就是原数除以 9 所得的余数。

利用去九验算法可以很快验算加、减、乘、除运算的正确性。如：

$2456 + 3748 = 6204$

先把第一个加数2456的各位数字相加，$2+4+5+6=17$，$1+7=8$，把8写在×的左边，8×；再求另一个加数3748的各位数字相加，$3+7+4+8=22$，$2+2=4$，把4写在符号×的右边，8×4，$8+4=12$，$1+2=3$，把3写在符号×的上边，8×4最后把和的各位数字相加得12，而$1+2=3$，写在下边，8 $\overset{3}{\underset{3}{\times}}$ 4符号×的上下数字相同，说明计算正确。

减法是加法的逆运算，验算方法相同。

又如：$384×259=99456$

被乘数384去9余6，写在×的左边，乘数259去9余7，写在6×的右边，$6×7=42$，$4+2=6$，写在6×7的上边，最后把积去9余6，写在6 $\overset{6}{\underset{6}{\times}}$ 7的下面。符号×的上下数字相同，说明计算正确。

除法是乘法的逆运算，验算方法相同。

去九验算方法能适用于绝大多数的四则运算，但它也有不足之处。如果抄错题目，是验不出来的，如果数字左右颠倒位置，也检验不出。如48抄成84。得数中间多写0或者遗漏0，此种方法不适用。如28460写成了2846。小数点位置处理不当也不行。如得数是28.46，写成2.846。除此以外，错在9的倍数45、36、27等或得数的某一位数多了1，而另一位正好少写1，如$1246-2245$，去九法就不适用了。

因此，认真抄题，注意得数中间或末尾的零，也是十分重要的。

不会估算，怎么办

在小学里我们已经接触了一些估算知识，如"今年粮食产量多少万千克"就是一个近似数。在实际计算时也会碰到不需要求出精确答案的情况。如："$\frac{1}{6}+4.5$得数保留两位小数"等，这些都属于估算范围。

估算在实际生活中有着广泛的用途，如一个会场能容纳多少人，就要有一个估算。每条长凳大约可以坐多少人？一行可以放几条长凳？一个会场大约可以放几排凳子？通过估算大约可发出多少入场票？

在我们计算时，也可以运用估算本领，对自己的解答是否正确做到心中有个底。如做加法 4659＋3975＝？在没计算之前应估计一下得数的范围。和大于8000，小于9000。再如：454×7，可以看成400×7＝2800 或 500×7＝3500。那么得数一定大于2800，小于3500。既然估算这么重要，怎样培养自己的估算能力呢？

1. 要培养敏锐的观察力。如 $\frac{9}{10}+\frac{11}{12}$ 的结果一定接近2，因为通过对两个加数的观察，知道 $\frac{9}{10}$ 接近1，$\frac{11}{12}$ 也接近1，所以它们的和接近2，如果得数大于2，或小于1，显然是错误的。

2. 要有分析综合能力。拿到题目要分析条件和所求的问题，选择合适的估算途径和方法。刚才举的会场容纳的人数的例子就是一种运用分析综合能力进行估算的例子。

3. 要综合运用已学过的知识，灵活选择估算的方法，如 57×46 就有几种估算办法。

（1）用省略尾数法：57≈60，46≈50

　　　57×46≈60×50＝3000

（2）保留最高位：57≈50，46≈40

　　　57×46≈50×40＝2000

（3）把57看成60，因为多看了3，所以46要少看，看成40。57×46≈60×40＝2400。

57×46 实际的得数是2622，通过3种估算方法的比较，显然第3种比较合理，误差小。也可以得出个位数大于5往十位进1，估成一个大于原数的整十数，个位数小于5舍去，估成一个小于原数的整十数。

乘除法也要用到估算能力，特别是除法，对商的估计能力越强，计算的正确性越高，计算的速度也越快。

运用估算知识，还能清楚分辨出一些不可能或不合理的结果，从而找出错误的原因，给予纠正。如人数不是整数，较大物体的面积是纯小数等。

总之，学会估算能提高数学学习的效率。

做选择题"吃不准"怎么办

有的小朋友遇到选择题，看到有三四个答案，往往不知所措，"吃不准"答案是哪一个。有什么好方法吗？

选择题一般由一个题干（设计的情景）和4个（或4个以上）的选择肢（答案）组成，选择肢往往非常相似，不易区分，因此做题时有一定困难。做选择题通常有下面几种方法：

1. 概念法

概念法是运用学过的定义、法则、性质等进行判断，找出正确的答案。

如：（　　）的两个数叫做互质数。

（A）都是质数　　　　　　（B）都是奇数

（C）公约数只有1　　　　（D）公约数1

解：根据"只有公约数1的两个数，叫做互质数"，可以确定（C）是正确答案。

2. 排斥法

排斥法就是将题目中的选择肢，采取逐一排除的方法，最后确定正确的答案。解时应从错误明显的选择肢入手。

如：10元零5分用小数表示是……………………………………（　　）

（A）105元　　　　　　　（B）10.05元

（C）10.5元　　　　　　　（D）10.50元

解：根据题意，答案应是小数，显然（A）不正确，而（C）10.5元中"5"表示"5角"错误也很明显，同样（D）也是错的，所以，可以确定（B）是正确的。

3. 计算法

计算法就是通过计算来确定正确的选择项。

如：一个长方体长2米，宽6分米，高70厘米。它的体积是（　　）立方分米。

（A）8400　　　　　　　　（B）84

（C）840　　　　　　　　（D）8.4

解：通过计算知道（C）是正确的。但要注意先统一长度单位，再计算，$20 \times 6 \times 7 = 840$（立方分米）。否则就要算错了。

还有检验法、假设法等，在解答选择题时，你不妨也可总结解题经验，找出解答选择题的规律。

判断题常常做错怎么办

判断题要求运用数学的概念来分析、判断某个结论正确与否，如果你的数学概念掌握得不牢固，在做判断题时就常会做错。那么，怎样才能做好判断题呢？

在正确掌握数学概念的基础上，需要注意以下几点：

1. 分析问题要全面

分析问题要全面，是指要从概念的全部对象来思考分析问题，不能以一点来代替全部。

如：真分数小于整数 ………………………………………（　　）

解：有的小朋友认为真分数比 1 小，因此判断这道题是正确的。实际上，他们忽略了整数中包含了自然数和零。而真分数大于零。显然这个判断是错误的。

又如：自然数可以分成质数与合数两类。…………………（　　）

解：有的小朋友对质数与合数印象很深，一看题就认为是正确的。其实根据质数与合数的定义可以知道，1 既不是质数，也不是合数，但 1 是自然数，所以，这道判断题的结论是错误的。

2. 注意概念的本质

注意概念的本质是指要从概念的内涵来思考分析问题，防止概念的混淆。

如：把单位"1"分成若干份，表示这样一份或几份的数叫做分数。

…………………………………………………………………（　　）

解：不少小朋友常认为这个分数概念是正确的。仔细看一下分数的定义就可知道，分数概念中有单位"1""平均分""表示一份或几份"几个内涵。这里少了"平均分"这个内涵，就不正确了。所以，这道判断题是错误的。

概念的内涵常常是概念中的关键词句，找出它的关键词句，可以帮助我们作出正确的判断。

如：把0.20500小数点后面的零去掉，小数的大小不变。……（　　）

解：这道题的关键在于区分"后面"与"末尾"。把0.20500小数点后的零去掉，就变成了0.25，小数的大小改变了。而小数的基本性质是：小数的末尾的零去掉，小数的大小不变。

因此做判断题一定要看清其中的关键词。

应用题不会列式怎么办

学会应用题的列式，首先要认真读题，弄清题意，找出应用题的条件和问题。例如"三年级一班有44人，二班有43人。每人买练习簿6本，两个班一共买多少本练习簿?"在弄清题意后，找出条件：一班44人，每人买6本，二班43人。问题：两个班一共买多少本?

然后分析应用题的数量关系，即条件与条件的联系，条件与问题的联系。通常用分析法——从问题想到条件的方法，综合法——从条件想到问题的方法，进行数量关系的分析。例如上题用分析法分析：

两个班一共买多少本练习簿?

↓　↓

一班买多少本练习簿? 二班买多少本练习簿?

↓　↓

每人买几本? 一班有几人? 每人买几本? 二班有几人?

（6本）（44人）（6本）（43人）

除了上面的分析方法外，还有线段图分析法、直观演示法等。通过这样的分析，应用题的列式就不难了。如上题可以列成 $6 \times 44 + 6 \times 43 = 522$（本），也可以列成 $6 \times (44 + 43)$。

上面的列式都是综合列式，为了学习的方便，开始可以分步列式。如上题可以这样列：

一班买多少本练习簿？

$6 \times 44 = 264$（本）

二班买多少本练习簿？

$6 \times 43 = 258$（本）

两个班一共买多少本练习簿？

$264 + 258 = 522$（本）

以后列式比较熟练了，再列综合式就不困难了。

列式后，可以先不急于求出答案来，想一想每一步算式的意义，检查自己的列式是否正确。如上题列成：

$6 \times 44 + 43$

6×44 是一班买的本数，再加 43 人，就发现错了，原本是忘了加小括号。$6 \times (44 + 43)$ 就对了。即先求出两班共有多少人，再求一共买了多少本练习簿。

❀ 不了解应用题中的术语，怎么办

同学们解答应用题能力差，其中一个原因是对应用题中的某些术语、概念了解模糊或不了解。

应用题中比较重要的概念有：求比已知数多几或少几的数；比较两数相差多少；求与一个数的几倍或几分之一相等的数；比较两个数的倍数关系；和、差、积、商，包含，等分等。

这些概念的掌握要通过观察、比较、思考等方法获得，如同一个术语"给了"，在应用题中起的作用就不同。

姐姐有 15 本书，妈妈给了她 8 本，姐姐现在有书几本？

姐姐有 15 本书，她给了妈妈 8 本，姐姐现在有书几本？

显然这两个"给了"在应用题中起不同作用，前者表示拿进后与原数合并，所以用加法计算；后者表示拿出后，从原数中去掉，所以用减法计算。由此可知，术语在应用题中的作用不可低估。

又如：甲乙两车同时从 A、B 两站相对开出，5 小时后甲车到达中点，乙车离中点还有 60 千米。已知乙车的速度是甲车的 $\frac{2}{3}$，求 AB 两站的距离。

"中点"表示距离的中心。甲乙 5 小时的距离差就是乙车离中点 60 千米。甲乙的速度差是 $1 - \frac{2}{3} = \frac{1}{3}$。

60 千米分成 5 等分就是 1 小时相差的距离，也是速度差，它与 $\frac{1}{3}$ 相对应。

甲速：$60 \div 5 \div \left(1 - \frac{2}{3}\right) = 36$（千米）

$36 \times 5 \times 2$ 表示两站间的距离。因为甲行至中点，全程的距离应是它的 2 倍。

正确掌握概念，理解名词术语是提高应用题解题能力的有效措施。下面两题你会做吗？想一想，这些概念表示什么意思？

1. 一辆汽车从甲地开往乙地，每小时行 30 千米，8 小时可以到达，如果提前 2 小时到达，每小时需多行多少公里？

2. 一个化肥厂用 5 辆相同的卡车 6 小时运化肥 120 吨，照这样计算，多用同样的卡车 5 辆运化肥 320 吨，需多少小时？

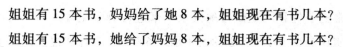 怎样整理应用题的问题与条件

每个应用题都包括条件和问题两部分，条件是指已知量的数值以及已知量与已知量、已知量与未知量之间的相互关系。问题是指要求的未知量的数值。弄清条件与问题是解答应用题的前提。为了弄清题目中的条件与

问题，我们常常把条件和问题简略地摘录下来进行对照比较，如：某乡去年粮食亩产量900千克，今年计划比去年增产6%，今年计划粮食亩产多少千克？

原计划 "1" ——900千克。

今年增产6%。

今年亩产 $1+6\%$ ——？千克。

通过摘录条件，一看就知道今年亩产量相当于去年的（$1+6\%$），再根据分数乘法的意义，列出解这道题的算式：$900 \times （1+6\%）$。

有时也可借助线段图来整理条件与问题。如：某商店运进一批电视机共110台，其中彩电的台数是黑白电视机的$\frac{3}{8}$，两种电视机各多少台？

从题中清楚看到（$1+\frac{3}{8}$）和110台是一对对应的已知数，可以求出黑白电视机的台数为$110 \div （1+\frac{3}{8}）$，已知黑白电视机的台数，彩电的台数就不难求出了。

总之，把应用题的条件和问题都弄清楚，思路明了，解题的方法也就出来了。

请你用这两种方法将下面3道应用题的条件与问题整理出来：

1. 某商店运来的毛巾比手帕多360包，当毛巾卖掉$\frac{2}{3}$的时候，毛巾比手帕少40包，求毛巾和手帕各运来多少包？

2. 甲车的速度是乙车的$\frac{7}{8}$，两车从AB两站同时相向而行，在离中点4千米处相遇，求两站距离。

3. 小华读一本书，第一天比第二天多读$\frac{1}{4}$，第二天比第一天少读50页，两天读的书比全书的总页数少$\frac{3}{8}$，这本书一共有多少页？

怎样解答文字式题

用数学名词、术语表达数与数之间关系的题目，叫做文字题，也称为文字式题。它是应用题数量之间关系的概括，又是式题的语言表达形式。

文字式题分为简单的文字题、复合文字题与含有字母的文字题3种。

简单文字题有根据算式读法叙述的。如：46除以2商是多少？也有根据算式各部分名称叙述的。如：被除数是46，除数是2，商是多少？还有根据四则运算意义叙述的。如：46的2倍是多少？

复合文字题指需要两步或两步以上运算的文字题。如：146加上12与15的积是多少？它是由12与15的积与146相加两部分组成，所以列式为$146 + 12 \times 15$。

含有字母的文字题是用字母表示某一个数的文字题，有的是根据题意写出含有字母的等式。如：$4x$与15的差是60，写成$4x - 15 = 60$。有的是根据题意，先要设一个未知数为x，再列方程。如72加上一个数的3倍得141，求这个数。

设要求的数为x。

解：设一个数为x。

$$72 + 3x = 141$$
$$3x = 141 - 72$$
$$3x = 69$$
$$x = 23$$

解答文字题，要全面正确地理解题意，分析题目结构。

如：46加上35除70的商，和是多少？这道题的结构是46 + 商 = 和。62与15的和，乘以它们的差是多少？这道题的结构是和×差。

了解题目的结构，心中有了列式的框架，再把有关数据代入框架，那么算式就列出来了。

由于文字题的语句比较简练，数学术语又比较多，读题时要特别注意运算方法与运算结果术语的关系，如除与除以是两个不同的概念，12 除 24，列式 24÷12；12 除以 24，列式为 12÷24。因此解文字题读清楚每个词是很重要的。

列出文字式题后，还要把列好的算式用数学语言读一读，看看是否与题意相符合。

想一想：

1. 0.01 除 1 所得的商再减去 0.04，差是多少？

2. 一个数的 $\frac{4}{9}$ 是 36，这个数的 $\frac{2}{3}$ 是多少？

3. x 的 3 倍加上 7，等于 55，x 是多少？

4. 28 个 $\frac{7}{5}$ 加上 8 的 $\frac{3}{4}$，和是多少？

解应用题分不清比几倍多几（少几），怎样办

你能正确解答下面两道应用题吗？找找它们之间的区别与联系。

1. 汽车厂第三季度计划生产轿车 140 辆，七月份实际生产数比季度计划数的 $\frac{2}{7}$ 多 11 辆，七月份实际生产多少辆？

2. 汽车厂七月份生产轿车 51 辆，比第三季度的计划产量的 $\frac{2}{7}$ 多 11 辆，这个厂第三季度计划生产轿车多少辆？

先通过列表比较已知条件与问题。

1. 已知：第三季度计划生产轿车 140 辆，七月份实际比计划的 $\frac{2}{7}$ 多 11 辆。

求：实际生产多少辆？

2. 已知：七月份生产轿车 51 辆，比第三季度计划产量的 $\frac{2}{7}$ 多 11 辆。

求：第三季度计划产量？

再通过分析比较解题思路。

（1）从表中清楚看出要求的数是比 140 的 $\frac{2}{7}$ 多 11 的数，也就是先求 140 的 $\frac{2}{7}$，再求比它多 11 的数是多少。

（2）51 辆所对应的数量不是 $\frac{2}{7}$，$\frac{2}{7}$ 所对应的数量是（51 - 11），换句话说，七月份产量中去掉 11 辆，才是总数的 $\frac{2}{7}$。

最后比较解题方法。

（1）$140 \times \frac{2}{7} + 11$

（2）$(51 - 11) \div \frac{2}{7}$

第一题"求一个数的几分之几是多少"，用乘法解，第二题"已知一个数的几分之几是多少，求这个数"用除法解。

从比较可以得到启示，求比一个数的几倍（或几分之几）多几（或少几）的数，是先求几倍（或几分之几），再求比它多几（或少几）的数。

已知比一个数的几倍（或几分之几）多几（或少几）的数求这个数，先把多几的数去掉（或把少几的数补上）再按倍数关系求解。

请再观察两题：

1. 某工厂加工一批零件，第一车间完成了 262 只，比总数的 $\frac{3}{8}$ 少 38 只，这个厂要加工多少零件？

2. 某工厂要加工 800 只零件，第一车间完成了它的 $\frac{3}{8}$ 少 38 只，第一车间完成多少只？

想一想，你能从图解、算式、说理 3 个方面说出它的解题规律吗？试试看。

不知道平均数应用题的结构，怎么办

解平均数应用题，首先要弄清什么是平均数，它与等分除法的联系和区别。把一个数平均分成若干份，表示其中一份是多少，这是等分除的含义。如：18 个同学平均分成 3 组，每组有多少人？

它的思考过程是把 18 个同学，每次每个圈内放 1 个，分别放入 3 个圈内，直至分完，表示等分。每个圈内的人数就是每组的人数。

平均数应用题，把几个不相等的数目先合并起来，再按份数去等分。如：男同学 10 人，女同学 8 人，把他们平均分成 3 组，每组多少人？

根据题意，把他们平均分成 3 组，表示合并男女生人数，再把总人数平均分成 3 份，不是把男生人数与女生人数分别分成 3 组。所以平均数表示把总数按总份数平均分，分得的每一份数叫平均数。反之，将平均数 × 份数 = 总数。

从上面的分析中，我们可以得出求平均数应用题的基本结构：总数 ÷ 总份数 = 平均数。

求平均数在日常生活中有着广泛的应用。

例 1. 某工人前 3 小时生产零件 510 个，后 5 小时生产零件 930 个，这个工人平均每小时生产零件多少个？

例 2. 某工人前 3 小时平均每小时生产零件 170 个，后 5 小时平均每小时生产零件 186 个，这个工人平均每小时生产零件多少个？

比较两个算式：

$(510 + 930) ÷ (5 + 3)$

$(170 × 3 + 186 × 5) ÷ (5 + 3)$

总份数是 8，总数应是 8 小时的总数，如果把例 2 列成 $(170 + 180) ÷ (5 + 3)$ 显然错了，被除数是 2 小时的总量。

例 3. 甲乙两数的平均数是 56，加入丙数后，甲、乙、丙三个数的平均数是 71，求丙数。

分析：这是一道逆向思考的平均数应用题，根据平均数先求出若干数的总数。甲乙总数 = 56×2，甲、乙、丙总数 = 71×3，它们的差是丙数。丙数：71×3 − 56×2。

总之，平均数的解题关键是求出与总份数相对应的总数量。

试一试：

车间六月份生产一批零件，前 12 天平均每天生产 1200 个，后 18 天平均每天比前 12 天的平均值多生产 220 个，六月份平均每天生产零件多少个？

怎样解相向而行的行程问题

行程问题是研究物体运动的，它含有速度、时间、路程三者间的关系。它有一个物体或两个物体运动的情况。

相向而行的行程问题是两个物体同时或不同时在两地出发相向而行，在途中相遇。通常称为相遇问题。这类应用题的特点是：两个运动着的物体分别从两地出发，相向运动，越走越近，最后相遇，如果它们同时出发，那么所用的时间相同。

解答这类应用题，审题时应注意：

1. 出发地点是否相同；

2. 出发时间是否相同；

3. 运动方向是否相同；

4. 运动速度是否相同；

5. 行进的路程是否相同。

如：一列货车每小时行 52 千米，一列客车每小时的速度比货车快 13 千米，两车分别从甲、乙两城同时相向而行，3.5 小时后，两车还相距 58.5 千米。甲、乙两城相距多少千米？

审题：两车从两地同时出发相向而行，客车的速度快。求在相同时间内共行的路程。因为没有相遇，甲、乙两城相距的路程是由以下 3 条路程组成：

货车、客车 3.5 小时各行的路程与还相距的路程。

解题关键是先求出在同一单位时间内两个物体共同走的距离（也称速度和）。

速度和：52 + (52 + 13) = 117（千米）

记住基本关系式：

路程 = 速度和 × 相遇时间

相遇时间 = 路程 ÷ 速度和

一个速度 = 路程 ÷ 相遇时间—另一个速度

列式：[52 + (52 + 13)] × 3.5 + 58.5

与相遇问题解题方法相近的，还有"相离运动"，指两个向相反方向运动着的物体越走越远。它们除了运动方向不同，在解题的思考方法与列式上是相同的。

在生活中与相遇问题的数量关系相似的还有工作问题。工作总量相当于两地路程，工作效率的和相当于速度和，工作时间相当于相遇时间，因此在思考方法上也是相同的。

怎样求反向运动的路程

解答行程问题的基本数量关系是速度、时间和路程。可用 3 个等式表示：

路程 = 速度 × 时间

速度 = 路程 ÷ 时间

时间 = 路程 ÷ 速度

行程问题按两个物体运动的方向区分可分为 2 类：1. 反向行程问题，它包括相遇和反向相离运动；2. 同向行程问题。小学里学习的是前一类。

反向问题的解题关键是：先求出两个物体的速度之和，再求出未知量的数值。它的关系式是：速度和 × 时间 = 路程。显然，反向问题的路程计算，由两个运动物体所行路程的和而得到解决。

如：甲乙两人同时从两地相向而行，甲每小时行4千米，乙每小时行3千米，3小时后在途中相遇，求两地间的路程。

思考方法1：甲乙两地间的路程 = 甲行的路程 + 乙行的路程

$4 \times 3 + 3 \times 3 = 21$（千米）

思考方法2：甲乙两地间的路程 = （甲乙两人速度和）×时间

$(4 + 3) \times 3 = 21$（千米）

两人相向而行，有可能没有在中途相遇，那么总的路程应该是3段路程之和。

如：甲乙两人同时从两地相向而行，甲每小时行4千米，乙每小时行3千米，3小时后还相距5千米，求两地间的路程。

路程 = 甲行的路程 + 乙行的路程 + 相隔的路程

$\quad = 4 \times 3 + 3 \times 3 + 5 = 26$（千米）

或路程 = 甲乙共行的路程 + 相隔的路程

$\quad = (4 + 3) \times 3 + 5 = 26$（千米）

类似这种情况的还有两人中有一个先行，总路程也是3段路程之和。

如：甲乙两人从两地相向而行，甲每小时行4千米，乙每小时行3千米，甲先行2小时，乙才开始出发，乙行3小时与甲相遇，求两地间的路程。

路程 = 甲先行的路程 + 甲乙共同行的路程

$\quad = 4 \times 2 + (4 + 3) \times 3 = 29$（千米）

当然这些情况也可以综合在一道题中。

如：甲乙两列火车从两地相向而行，甲以每小时50千米的速度先行1.5小时，乙每小时行60千米，5小时后两车还相距120千米，求两地间的路程。

$50 \times 1.5 + (50 + 60) \times 5 + 120 = $ 两地间的路程

掌握了相遇问题计算路程的思考方法，反向相离运动的路程也就容易计算了。

怎样求反向运动的速度

相遇问题求速度怎么办？因为两个物体运动的速度和是解应用题的关键，所以要求一个物体的速度应先找出速度和。

如：两地相距 231 千米，甲、乙两辆汽车同时从两地出发相对而行，经过 3 小时在中途相遇，已知乙车的速度是甲车速度的 5/6，求甲乙两车的速度。

分析：根据两地间的距离 231 千米，及两车同时所行的时间 3 小时，可以求出速度和，231÷3＝77（千米）

再根据两车速度的比，分别求两车的速度。

$$77 \times \frac{5}{11} = 35（千米）……乙车的速度$$

$$77 \times \frac{6}{11} = 42（千米）……甲车的速度$$

也可以根据分数的意义求两车的速度。

$$77 \div (1 + \frac{5}{6}) = 42（千米）……甲车的速度$$

$$77 - 42 = 35（千米）……乙车的速度$$

掌握了基本解题思路，就能解决较复杂的求速度问题。如：甲乙两地相距 45 千米，客车从甲地到乙地要半小时，货车从乙地到甲地需要 45 分钟。如果货车长 400 米，客专长 350 米，现在货车和客车分别从甲、乙两地同时出发，相向而行（双轨铁道），几分钟后两车相遇？再经过几秒钟两车相离？

分析：两车相遇是指两车的车头相遇，两车相离是指两车的车尾相离。从车头相遇到车尾相离所行的距离，就是客车与货车的车长之和。由于题中没有直接给出两车的速度，所以先要求出。

解：（1）客车每分钟行多少千米？

45÷30＝1.5（千米）

（2）货车每分钟行多少千米？

45÷45＝1（千米）

（3）两车几分钟相遇？

$45 \div (1.5 + 1) = 18$（分）

（4）两车再经过几秒钟相离？

$(0.4 + 0.35) \div (1.5 + 1) \times 60 = 18$（秒）

综合式：$45 + (45 \div 30 + 45 \div 45) = 18$（分）

$(0.4 + 0.35) \div (45 \div 30 + 45 \div 45) \times 60 = 18$（秒）

怎样解工程问题

　　工程问题是研究工作总量、工作效率和工作时间的问题。这类问题一般不给出具体的工作总量，用"一件工程"或"一件工作"表达。不给出工作效率，用各部分工作所需要的时间来说明。我们把全工程看做"1"，用 $\frac{1}{x}$ 或 $\frac{1}{y}$ 表示工作效率，一般要求的是完成指定工作量所需要的时间。所以它属于分数四则应用题中的一部分。如：一件工程由甲独做 10 天完成，由乙独做 12 天完成，两人合作需要多少天？

　　分析：工作总量是"1"，甲的工作效率是 $\frac{1}{10}$，乙的工作效率是 $\frac{1}{12}$，甲、乙效率和 $\left(\frac{1}{10} + \frac{1}{12}\right)$。

　　工作总量÷工作效率＝工作时间

　　$1 \div \left(\frac{1}{10} + \frac{1}{12}\right)$（天）

　　根据工程问题题目结构的特点，解答工程问题先要根据已知各部分的工作时间，求出工作效率，如 $\frac{1}{10}$、$\frac{1}{12}$。然后假定总工作量是"1"。最后根据关系式求解。

　　解答较复杂的工程问题，它在条件的叙述上或问题的要求上作了一些变化。如：一件工程由甲、乙两队独做，甲要 10 天，乙要 12 天，两队合做多少天完成这项工程的$\frac{11}{12}$？

分析：完成部分工程量需要的天数＝部分工作量÷工作效率

$$\frac{11}{12} \div \left(\frac{1}{10} + \frac{1}{12}\right) = 5 \text{（天）}$$

再如：一件工程由甲、乙两队独做，甲要 10 天，乙要 12 天，先由两队合做 2 天，余下的由甲队独做，几天完成？

分析：甲队完成余下工作量需要的天数＝余下的工作量÷甲的工作效率

$$\left[1 - \left(\frac{1}{10} + \frac{1}{12}\right) \times 2\right] \div \frac{1}{10}$$

所以解答较复杂的工程问题，要看清最后所求的工作时间，它所对应的工作量应该是全部，还是部分，并且要弄清由谁来完成余下的任务，用相对应的工作效率。

总之，工程问题的变化较多。可独做或合做，可先做或后做，工作进程可向前也可倒退。审清题意是十分重要的。

怎样解答还原问题

还原问题的特点是：题中叙述某一未知数量，经过一系列已知的变化，最后变成另一个已知数量，求原来的未知数量。

如：商店里有一批练习本，后来又运来 4500 本，第一次卖出 3540 本，这时商店里还剩 1590 本。商店原来有练习本多少本？

想：第一次卖出的本数与卖出后还剩的本数是已知量，根据这两个条件可以求出商店一共有的本数。3540＋1590，商店一共有 5130 本。这里的5130 本是有两部分组成，一部分是商店里原来有的，一部分是后来运来的，所以商店里原来有的本子是 5130－4500＝630（本）。

列式：3540＋1590－4500＝630（本）。

有些问题，可以根据加、减、乘、除互逆关系解题。从最后一个已知数出发，倒推，直至求出所要求的数。

如何培养学习兴趣

如：一个数减去 10，加上 16，乘以 12，除以 8 得 45。求这个数。

想：除以 8 得 45，原数是 $45 \times 8 = 360$。

乘以 12 得 360，原数是 $360 \div 12 = 30$。

加上 16 得 30，原数是 $30 - 16 = 14$。

加去 10 得 14，原数是 $14 + 10 = 24$。

原数是 24。

列式：$45 \times 8 \div 12 - 16 + 10 = 24$。

有些问题，要注意运算顺序，正确使用括号。

如：同学们参观展览会，第一次进场的占总数的 $\frac{1}{2}$ 多 10 人，第二次进场的是余的 $\frac{1}{2}$ 多 8 人，其余 14 人第三次进场，求有多少同学参观展览会？

余下的 $\frac{1}{2}$ 是 $(8 + 14) = 22$（人）。

第二次、第三次进场的是 $22 + 8 + 14 = 44$（人）。

总数的 $\frac{1}{2}$ 是 $44 + 10 = 54$（人）。

总人数是 $54 \times 2 = 108$（人）。

不知道应用题解题思路，怎么办

应用题的一般解题思路分为分析法和综合法两种。

综合法是把部分联合成一个整体的思考方法，它从已知条件出发，根据数量关系，提出可以解答的问题，逐步推导，直至问题得到解决。如：某工厂要制造 1500 套课桌，前 3 天每天做 150 套，以后提高工作效率，每天做 175 套，完成任务共用多少天？

综合法分析：前 3 天每天做 150 套，可求出已经做的套数。$150 \times 3 = 450$（套）。

要完成 1500 套，已做好 450 套，可求出剩余的套数。$1500 - 450 = 1050$

（套）。

剩余的 1050 套，每天完成 175 套，可求出需要的天数。1050 ÷ 175 = 6（天）。

原来用 3 天，后又用了 6 天，可求出共用的天数。3 + 6 = 9（天）。

分析法是把整体分解成几个部分的思考方法。它是从应用题的问题出发，根据数量关系，找相应的条件，逐步推导，直到所有的条件都是已知为止。如上题，用分析方法思考则是这样的：

要求共用的天数，先找又用的天数。

要求又用的天数，先找还要做的套数。

要求还要做的套数，先找剩下的套数。

要求剩下的套数，先找已经做的套数。

要求已经做的套数，先找每天做的套数与先做的天数。这两个条件，题中是已知的。

在实际使用时，分析中有综合，综合中有分析，两种方法结合使用才能更好地解题。如：甲乙两队合做 2160 个零件，甲队每天做 20 个，乙队每天比甲队多做 5 个，谁做得多些？多多少？

已知乙队比甲队每天多做 5 个，可以知道两队谁做得多些，要求多做多少，先要知道两队各做多少个。（分析）

要求甲做多少个，需要知道甲的工作效率与时间。（分析）

要求甲队工作时间，需要知道两队共同任务与两队工作效率和。（分析）

已知甲队每天做 20 个，乙队每天比甲队多做 5 个，可求两队效率和。（综合）

已知总任务与效率和，能知工作时间。（综合）

已知工作时间与两队工作效率，可求两队工作量。（综合）

已知两队工作量，可求它们的工作量差。

当然，这题还可以用其他方法解决。

还有些应用题按一般解题思路不容易找到解答的方法，往往需要采取特殊的解题思路，下面介绍几种常用的思考方法：

1. 列举法

有些题看上去觉得少了某些条件而一时无法找到解题途径，需要给题目中某个量规定一个适当的数值，问题才变得容易解决，这种方法叫列举法。如：小明从家到学校用了 2 分钟 40 秒，从学校沿原路回家时，速度加快 $\frac{1}{3}$，那么回家时需要多少时间？

这道题粗看少了速度和路程这两个具体的数量，似乎条件不够而无法解答，如果举些具体的数量表示路程与速度，那么解题的方法也就出来了。如果去时每分钟走 90 米，那么从家到学校的路程就是 $90 \times 2\frac{2}{3} = 240$（米），回家时的速度是每分钟走 120 米，所以回来时只需要 $240 \div 120 = 2$（分钟）。如果去时每分钟走 60 米，那么从家到学校的路程就是 $60 \times 2\frac{2}{3} = 160$（米），回家时的速度是每分钟 80 米，所以回来时只需要 2 分钟。从分析中可以看出，把去时的速度规定一个具体的数值，就能找出正确答案。这种列举的方法能起到化难为易的作用。

2. 假设法

有些应用题要求两个或两个以上的未知数量，先考虑这两个或两个以上的数量相等，然后按题里的已知条件推算，如果所得的结果与题意不符，再加以调整，直至找到正确答案。如：同学们参加兴趣小组的人数共 94 人，科技组比文艺组多 3 人，舞蹈组比文艺组少 2 人，三组各有多少人？

假设科技组与文艺组人数同样多，那么科技组比原来少 3 人，总人数少 3 人。同理，舞蹈组和文艺组人数同样多，那么舞蹈组比原来多 2 人，总人数又增加 2 人。经过调整，总人数为 $94 - 3 + 2 = 93$（人），正好是文艺组的 3 倍，这样，再求出科技组和舞蹈组的人数就不难了。

又如：学校原计划买 12 盒粉笔，每盒 2.40 元，如果从买粉笔的钱中取出 14.4 元买了纸，剩下的钱还够买几盒粉笔？

假定买纸张的 14.40 元也是买粉笔，可以买几盒？$14.4 \div 2.4 = 6$（盒）。现在从中拿出可买 6 盒粉笔的钱换成买纸张，剩下的钱可买几盒粉笔？$12 - 6 = 6$（盒）。列综合式：$12 - 14.4 \div 2.4$。

在分数应用题中，假设法得到广泛应用。我们把一个整体假设为单位"1"，同一道题，可从不同的角度选择不同的量作为单位"1"。

有些应用题，题里给出两个未知数量的关系，要求这两个未知数量。思考的时候，可以根据所给的条件，用一个未知数量代替另一个未知数量，从而找到解题方法。如：学校买来练习簿845本，其中语文簿的本数比数学本的3倍多25本，买来语文簿、数学簿各多少本？

根据已知条件，如果用数学本的本数代替语文本的本数，那么语文本就相当于3份数学本还多25本，从总体数中减去25本，就是（3＋1）份数学本，从而求出数学本的本数。那么求语文本的本数也迎刃而解了。

有些应用题，可以通过比较已知条件，研究对应的数量的差的变化情况，寻求解答方法。如：幼儿园小朋友分饼干，如果每人分5块，还剩14块，如果每人分7块，就缺4块。幼儿园有多少小朋友？一共有多少饼干？

每人5块，多14块。

每人7块，少4块。

第二次比第一次每人多分2块（7－5），一共要多分18块饼干（14＋4）。根据这两个条件可以求出有多少小朋友：$18 \div 2 = 9$（人）。一共有多少饼干：$5 \times 9 + 14 = 59$（块）。

以上介绍的几种特殊解题思路，只是起开拓同学们思路的作用，因为应用题的数量关系是多种多样的，解答时要具体问题具体对待。

搞不清直线、线段与射线的区别，怎么办

要正确区分直线、线段与射线，先要明确意义，再要掌握特征。

线段：用直尺把两个点连接起来，就得到一条线段。所以线段有两个端点，可以确定长度。

射线：把线段的一端无限延长，就得到一条射线。射线只有一个端点，只可向一端无限延长，它是不能度量长度的。

直线：把线段的两端无限延长，就得到一条直线。直线没有端点，可

向两端无限延长，它也不能度量长度。

两条直线，由它们的位置关系，可以产生垂线和平行线。

垂线：两条直线相交成直角时，这两条直线叫互相垂直，其中一条直线叫做另一条直线的垂线。

平行线：在同一平面内永不相交的两条直线叫平行线。

明确这些概念的意义和特征，就能作出正确的判断。

怎样正确选择求积公式

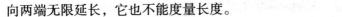

计算几何图形的周长、面积、体积等都要使用求积公式，由于公式多，同学们常常在选用公式时感到困难。有时由于遗忘公式而产生差错。怎样根据不同要求，正确选用公式呢？

1. 要明确概念，周长、面积、体积是 3 个不同的概念。周长是测量物体边的总长，面积是测量物体表面的大小，体积是测量物体所占空间的位置，所以它们测量的单位名称也不同，求周长使用长度单位，求面积使用面积单位，求体积使用体积单位。

2. 要弄清每一个公式的由来，记住它们之间的内在联系。

3. 要会分析题意，弄清题目的要求。应用题一般用文字叙述，通过分析要搞清楚是求周长，还是求面积。

4. 要会看懂图的尺寸，以及单位名称的统一、互化。

5. 掌握公式变形。

如：某直角三角形面积为 18 平方厘米，较短的直角边为 4 厘米，求以较长的直角边为半径的圆周长和面积各多少？

分析：读题后为了帮助理解题意，可以画示意图。要求圆的周长和面积，必须知道圆的半径。根据题意，圆的半径是直角三角形的一条较长的边。先求长的直角边是多少。根据三角形的面积和一条直角边可以求得另一条直角边。

$18 \times 2 \div 4 = 9$ （厘米）

以 9 厘米为半径, 分别求圆的周长和面积。

$9 \times 3.14 \times 2 = 56.52$ （厘米）

$3.14 \times 9^2 = 254.34$ （平方厘米）

注意： $\left. \begin{array}{l} 圆周长 = \pi \times 半径 \times 2 \\ 圆面积 = \pi \times 半径^2 \end{array} \right\}$ 半径 $\times 2 \neq$ 半径^2

试一试：

1. 有一个周长是 31.4 厘米的直圆柱量杯, 里面盛有水, 如果把一个铅球浸在杯里时, 杯里水的高度由原来的 15 厘米上升到 17 厘米, 这个铅球的体积是多少?

2. 已知圆柱形水桶的侧面积是它的底面积的 6 倍, 水桶的底面半径是 2 分米, 求水桶容积。（得数取整数）

怎样通过分割求组合图形面积

由两个或两个以上简单图形组成的比较复杂的图形叫组合图形。

组合图形的面积, 是由各个简单图形面积的和或差组成的。如

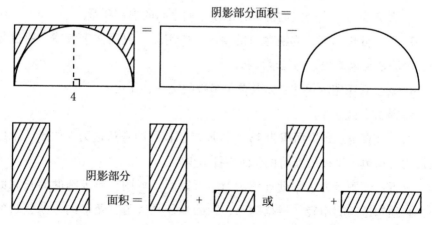

求组合图形的面积, 先要看清组合图形是由哪几个简单图形组成的, 再研究这些简单图形是怎样组合的, 有没有重合部分。确定这些简单图形的组合方法, 看哪些用加法, 哪些用减法。最后正确选择计算公式。

例1：求下图中阴影部分面积。（单位：厘米）

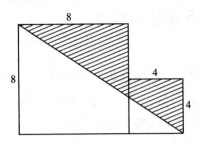

分析：阴影部分面积等于两个正方形面积的和减去一个三角形的面积。

$$8 \times 8 + 4 \times 4 - \frac{1}{2} \times (8+4) \times 8 = 32（平方厘米）$$

有时求阴影部分面积可以用上下翻动、左右移动、旋转等方法求得。如：

例2：求下图阴影部分的面积（单位：厘米）

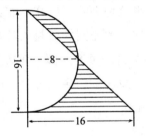

分析：阴影部分面积是不规则的图形，如果把图形的上半部分折到下半部分，那么阴影部分拼成一个三角形。而且它的面积等于大三角形的一半。

$$\frac{1}{2} \times 16 \times 16 \div 2 = 64（平方厘米）$$

试一试：

计算图中阴影部分的面积（单位：米）

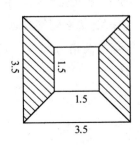

数学考试常不及格怎么办

学校里考试的试题，一般都不超出课堂教学的范围。试题的类型平时作业都经常见。因此答对这些"熟"题，得到及格成绩按理来说容易做到。那么，为什么还会出现"不及格"的现象呢？

1. 答题正误缺乏把握

平时做作业自己不验算，靠家长检查解题的正误。学习上这种严重的依赖性，使自己丧失判断能力的锻炼机会。

2. 计算速度慢，失分多

课堂上老师要安排几分钟口算练习，有些同学认为题目太简单，算不算无所谓。长期以来不重视这种训练，口算未能达到"自动化"程度，也直接影响笔算的速度。这样，做完同样数量的计算题，就要比别人多花费 2~3 倍时间。这是考试不及格的重要原因。要改变这种状况，关键在于加强口算练习，增强大脑的反应速度。除积极参加课堂里"几分钟"口算练习外，还要靠课后自觉的训练。

3. 答题时间安排不合理

试题有各种题型，难易度不同，得分也有显著差异。有些同学不注意答题时间安排，"先做得分高的试题"，"碰上难题，硬顶不放"，"没安排验算的时间"，这样就发生"有把握做对的题反而没有时间做"的情形。要学会合理安排答题时间，一般可以按照下面的次序：（1）有把握和容易做的题目；（2）以前做过的题目。把那些没有把握、困难的题目留到最后去考虑。从时间的分配来说，有把握的题目力争在考试规定的一半时间内完成，再安排适当验算时间。还有剩余的时间，再回过头来解答难题。

总之，不该丢分的题都做好，就容易跨过及格分数线。当然，要获取优异成绩，还需多方面改进自己的学习方法。

英语篇

怎样提高学习英语的兴趣

　　要认真学一样东西，需经过艰苦努力。学英语也是如此。有的同学刚开始学英语时凭着一股热情，很有兴趣，但渐渐地就变得索然无味。有的同学对英语根本没兴趣。事实上，兴趣不是天生就有的，它是可以培养的。如果我们能采用一些适当的方法，就有可能培养出学英语的兴趣。

　　要提高兴趣，最主要也是最有效的方法，是寻找一个突破口。也就是说，在一段比较短的时间中，使自己在英语学习的某一方面有较大的提高。比如，你可以在一周时间内一下子突击背出一定量的生词，生词量的积累会使你发现，可以不翻生词表，顺利阅读一些课文。阅读又反过来使你巩固了本来只是突击背出来的词汇，从而发挥了潜力，达到了效果，也就使你有劲头学下去。这种良性循环，其目的恰恰就是培养了你的兴趣。

　　在这一步的基础上，就可以继续在听、说上下工夫。比如，收看、收听电台、电视台的讲座，参加英语派对、英语角的对话等，使自己在阅读之外，有机会与人对话。积极参与对话最大的好处，就是极大地促进学英语的兴趣，发现自己学到的知识得到了别人的认可，学以致用。通过对话，一方面强化了你听的能力，另一方面又加强了你说的技巧，这时你会发现英语绝对不是很难学的，从而培养了兴趣。

　　另外，不管你是在阅读、做练习还是与人对话，都要养成不懂就问的习惯，要不怕错，不怕难为情。把自己容易错的地方做成小卡片，经常提醒自己。这些薄弱的环节，在反复实践中就可以经常得到弥补，英语也就不难学了。

最后还有一点，上课时要做到当堂消化。有些同学认为一节课不听不要紧，到考试时再花精力也不迟。实际上一旦与老师的进度脱节，即使课后突击加班，也是事倍功半，长此以往，会对英语产生恐惧感，自然就谈不上有什么兴趣了。

在英语学习中怎样有效地取得老师的帮助

"古之贤者必有师"，要想英语方面取得长足进步，一个有效、迅捷的方法就是能得到老师的帮助。不过，如何才能有效地取得老师的帮助？我们认为应该从以下几个方面着手：

1. 主观上要有请老师帮助的愿望

要在自己主观上检查一下，为取得老师的帮助，自己是否做到了主动、诚恳。一般来讲，老师工作相当繁忙，学生又多，不可能时刻提醒你："你哪儿需要我帮助啊？"因此，要求我们自己有问题应主动、诚恳地去向老师请教。说一句："Excuse me, may I ask you a question?"我想，任何一个老师都会微笑着尽心尽力地帮你解决问题的。

另外，请老师帮助时要虚心，"满招损，谦受益"。要正确评价自己，尤其是当自己学得不错的时候，既要看到自己取得优异成绩的一面，又要看到自身的不足。你不妨请老师给你诊断一下："老师，我的英语方面还存在哪些不足？怎样才能克服这些缺点？……"当你从老师的分析中了解到自己下一步应努力的目标时，实际上你已经得到了老师的帮助。

2. 提高课堂学习效率

你和老师接触最多的时机莫过于在英语课堂上了。因此，充分利用课上45分钟时间是取得老师帮助的最有效的方法。

（1）要善于模仿。在课堂上你应当抓紧每一个机会进行模仿，必要时把老师的朗读录下来，以便课下反复跟读。但即使认真模仿有时也不一定能把所有单词读音都牢固地记在头脑中，因此，我们还要认真向老师学习国际音标。不要养成一些不良习惯，如把汉字记在单词上代替正确发音：

好肚又肚

How do you do?

（2）对老师的讲课应积极作出反应。老师讲课包括讲解、提问、范读等，对这些你都应积极作出反应。比如，老师请同学朗读课文，你不妨积极争取这一机会，哪怕你的朗读并不太熟练。只有你暴露了错误，老师才能帮助你。如果你不张口实践，老师便不会知道你会不会读，即使你把规则说得头头是道，也不能真正说出好的英语来。

中国人学习外语，需要充分利用练习的机会，而英语课堂就是良好的练习场所。在课堂上，我们可以争取叙述一件事情，也可以回答一两个简单问题。开始练习讲话，恐怕会有点紧张，也说不了几句，而课上时间有限，老师不能总等着你一个人，因此你在听懂老师所说的话之后，马上应有所反应。诸如像："Do you see?""Can you hear me?"等一般疑问句，你在听懂之后应马上回答"Yes"或"No"。从说这些简单词语开始，逐渐发展到连贯语句、语段。

（3）仔细体会老师的教学重点。同一个老师讲课，不同的同学收获很不相同。其重要原因之一是有些同学不去积极思考老师的讲话，满足于一知半解。实际上，老师讲课事前都认真地备了课，因此上课时的讲解针对性较强。不认真思考老师的讲话，等于放过了老师对你大量帮助的机会。

在课堂上，我们应能听出老师讲的哪些内容是本书课的重点，并应对之反复思索，以求开掘得深一些。抓住了重点我们才能提纲挈领地识记所学知识。

3. 让老师及时了解你学习英语的进展情况

老师只有从你身上取得教学反馈信息时，才能针对你的问题及时给予帮助。

（1）认真、清晰、工整地完成书面作业。书面作业一方面帮你巩固、复习、总结课堂所学知识，另一方面也是及时反映你学习进展的一份报告。

同时，也可以把自己的问题提出来写在作业本上，请老师帮助你。

（2）对自己学习感到吃力的方面及时向老师反映，请老师帮助你。

学习英语的过程中疑难问题一定很多，应及时请教老师，请老师帮助你。不过为了更有效地得到老师的帮助，应讲究询问艺术，即按"四不问""三重点"来做。

"四不问"：自己能查阅工具书的不问；尚未经过周密思考的项目不问；能够通过认真阅读课本解决的项目不问；超出自己学习水平的项目暂时不问。

"三重点"：重点询问英语表达习惯；重点询问使用场合及语言环境；重点询问不符合汉语表达习惯的学习项目。

4. 积极参与老师组织的活动或自己组织活动请老师参加。

（1）主动用英语交谈几句，虽是几句，也可能比你上一次英语课说英语的机会还多。

（2）主动参加"英语角"活动。老师组织活动时，你应该积极参加，也可以几个人组织这类活动，请老师定期给予指导。

（3）经常与老师研讨学习方法。学习方法好，学英语可以事半功倍。比如你可以与老师研讨怎样识记词汇，怎样学好语法、语音、语调等，你将获益匪浅。

（4）主动协助老师工作。你可以主动提出协助老师完成某些工作，如搞班级的英语演讲，进行校际英语对抗赛，直至画一些教学插图等。

总之，有效地得到老师帮助的方法很多，需要我们自己努力去探索。

英语成绩突然就停滞不前了，这是怎么回事

初中是英语的初学阶段，学习任务主要是基本的语音知识、某些常用词、某些简单句型及简单的语法知识。这些最基础的知识比较容易掌握。而且，常常是每周都学新知识，给你一种"天天向上"的感觉，的确显得进步很快。

高中与初中情况大不相同，表现在：

1. 高中课本比初中课本难度进阶大。这一点，外国教材也往往如此。比如：《新概念英语》的第三、四册与第一、二册相比，难度是递增，甚至是多倍递增的。

2. 高中英语学习，对口语能力要求高。相当一部分高中"上不去"的同学是初中时不爱张口、会话能力差的同学。英语是拼音文字，语句读音的熟练是文字阅读和文字书写的基础。所以，口语差的同学不仅听课困难，而且由于高中阶段要进行大量的阅读和写作训练，他们会比一般同学倍感困难。

3. 高中，特别是高二、高三，进入了中级英语的较高阶段，英语学习主要是技能训练，尤其注重阅读和写作。而这两大项技能的发展必须以大量的训练为基础，这一过程本身是由量变到质变的缓进过程，需经长期下功夫方能奏效。比如：初中阶段"写"的训练主要是造句，而高中要写篇章。单句是篇章的基础。但是，写出一篇由 10 个句子组成的短文要比造 10 个单句复杂得多、难度大得多：首先要布局谋篇以保证文理通顺，然后还要注意通篇词汇的选择、语法的正确……练习写作必须根据一定的程序进行大量的实践，才能显出效果。

4. 高中的语法教学向深层发展，语言现象增多。语法学深了，就和交际、语义密切相关了。因其关系变得复杂，难度也就相应加大，不再像初中时学了一个概念就可以通用在一大堆内容上或用几句话就可以概括许多语言点，而是不得不一个一个地学、一点一滴地说，特别是需要分辨的东西很多，举几个简单的例子：

$$
\begin{cases} \text{used to do sth.} \\ \text{be used to doing sth.} \end{cases} \quad \begin{cases} \text{boiling water} \\ \text{boiled water} \end{cases} \quad \begin{cases} \text{seal. ce} \\ \text{rare} \end{cases}
$$

不仅类似上述的惯用法、分词、词汇众多繁杂，还有语气、不定式、情态动词等项目也令人迷惑，对于它们的理解、记忆、分辨及灵活掌握，无疑需要大量的时间。

这里要着重指出，到了高中时英语学习进步不大，甚至停滞不前的一个很重要的原因，就是初中学习阶段时基本功打得不扎实。由于初中阶段学习内容比较浅显，基本功不扎实的缺陷还暴露得不突出。到了高中阶段，它就会明显地"拉后腿"了。因此，在这种情况下，必须及时把基本功中的缺陷花大力气弥补起来，甚至要下决心把一些虽知道但未掌握的东西重新系统地学习一下。只有这样，才能在高中阶段取得新的进步。

英语学习成绩逐年下降怎么办

任何学科都有它自己的规律，我们刚进小学时可以轻易地拿到数学100分、98分，而随着年级的升高，学的知识增加了，分数却下降了。

英语也是如此，而且更为常见普遍。当我们刚刚接触这门学科时，我们学到的是比较基础的知识，老师也教得浅显明白。我们觉得英语很好学，相对地，成绩也就比较好。然而，随着知识量的不断增加，英语这个庞大的体系渐渐在我们面前展开成一个纷繁复杂的世界，语音要会听、会念，单词要会背、会读，语法是那么多、那么难以搞清，还有许多约定俗成的东西非牢记不可。因此常常是顾了这个方面，却丢了另一个方面，看看自己在英语上花的时间并不少，但成绩却在下降。

其实这种现象并不可怕。我们只要找到英语成绩下降的原因，就可以对症下药了。英语是一门语言，和其他所有语言一样，只要多读多记，经常使用，就可以逐渐掌握它。我们平时说话时，根本无需想一想该怎么编排语法，想说的东西自然而然就出来了。学好英语没有捷径。如果我们每天能花些时间在英语学习上，将学英语当成我们平时每天说话的一部分，争取掌握英语的发音规律，背一定量的单词，熟记英语基本语法，然后就能融会贯通、熟练运用。今天学习的知识最好今天消化，因为明天又有新的知识需要学习。这样的学习，花的时间并不多，但因为是每天坚持有一定的时间，循序渐进，对掌握的知识像滚雪球那样，一遍又一遍，知识量自然而然就像雪球那样会越滚越多。而且，一旦这个习惯养成了，在英语上并不需要花太多的时间，效果却很好。这个时候，即使成绩与刚开始学时相比有所下降，自己也不会担心了，因为你的知识量正在一天天增长。

这一点，是无可非议的。

有人说要学好英语，就要坚持"晨练"，是吗

古人说："一日之计在于晨。"我国杰出的外交家陈毅在谈到外语学习时也说过："一早起来要拿材料到操场上朗读，每天早上要大声地读它半个钟头。要读到'倒背如流'。"这为我们指出了一个学习英语的好办法。

"晨练"最好以高声朗读，背诵英语句型、课文为主。朗读、背诵纯熟的东西，说、写起来就很容易。所以，"晨练"是我们提高口语能力的重要手段。

朗读训练可以分 3 步进行：

1. 跟读。在这一阶段要求认真模仿。一定要在把录音听清的基础上进行跟读。在跟读中不但要注意句子的发音、音的长度、音的变化，还要注意句子语调。务必使自己口腔的发音活动在速度和准确性上与录音相差无几。每次的跟读材料不宜过长，应少而精。

2. 初读。在这一阶段要求掌握发音要点、语调特征，逐步掌握基本的朗读技能。不能停留在只懂不记、只会不熟的阶段。要求能基本上从音调的高低强弱等方面分辨出疑问、惊叹、肯定、否定等意念来，以充实自己的朗读实践。

3. 熟读。在这一阶段要求学会对不同情景的对话、不同内容的课文进行朗读处理，力求达到正确理解和准确表达的统一。即：发音准确、声调和谐、快慢交替、轻重相间、以情带声、停顿合理，显示出语言鲜明、具体、生动的表达能力和交际功能。

值得一提的是，朗读时应保持良好的姿态。姿态对发音的质量有直接的影响。所以，在朗读时，应身体端正，精神饱满地坐或站好，胸腔打开，头微微扬起，积极而不紧张。声音清楚响亮，不漏词加词，不重复。专心致志，做到眼到、心到、口到，久而久之，就会养成良好的朗读习惯。

背诵并不意味着所有的东西都要死记硬背。不过应该注意：

1. 对于正在学习的句型、教师认为重要的语言点及重要的课文或课文中的重点段落，应熟记熟背。

2. 对于一般课文，学习到半熟时（即记住了大意）即可开始背诵。这样做的好处是：（1）因为不是死背，复述时经常自己组句，甚至改用其他句型表达相同意思，因而有利于组句、会话能力的发展。（2）复述不下来时，可以参阅书中原文。这样做可使自己在理解的基础上背诵，记忆更为深刻。（3）这种背书实际上是重编课文，有利于提高逻辑思维能力和"写"的能力。（4）死背易使大脑疲劳而产生困倦，这种背诵基本免去了这个问题。（5）应选择短小精悍、朗朗上口、语言简单但词句绝妙的诗和文章进行情感背诵。

"晨练"无疑是一种好方法。但由于人体生物钟运行的规律不同，所以，"晨练"并非适用于所有的人。大多数人清晨精力最旺盛，记忆力也最强，适于进行"晨练"。有些人则是在晚上才能集中精力、效率最高。所以，可以首先找出适合自己的时间，而不一定强求一律。

为什么学英语不宜搞"题海战术"

试题是检测手段，不是学习手段。在学习的整个过程中，学生不能避免接受测试，也不能避免测试前的必要准备（做模拟题即是一种准备方式）。因此，做考试题和模拟题可以是学习活动中的一个环节，但却不能因此而替代其他学习活动。

我们提出以下理由来说明这个问题：

1. 考试题只对所有学习内容进行选点检查，它们不可能包容全部学习内容。

2. 考试题只能对整个学习系统进行抽样检查，因此，它们不能全面而直接地反映语言知识的内在联系。

3. 考试题大部分带有阶段性检测性质或终结性检测性质，因此，它们不能有针对性地解决平时的学习问题。

4. 英语考试题在相同的词汇级别上可有不同的检测标准，其难易程度的控制很难完全适应不同年级、不同阶段、不同类型学生的不同水平，因此，超出一般水平的考题容易影响学生的学习信心，经常遇到此类考题势必挫伤学习的积极性。

5. 长期、大量地做考题只能减弱学生的学习兴趣，而没有兴趣的学习不会带来良好的学习状态。

6. 英语学习应当在真正的交际环境中进行，考题有时可以检测学生的交际能力，但它们终究不是交际环境。学好英语必须不断伴随着生动活泼的应用，而应用必须扎根于生活之中，因此，只做考题容易使同学们忘掉语言的生活基础。

我们这样讲并不是说考试题和模拟题都不能做，我们认为，重要的是把做考试题和模拟题放到学习的恰当位置上。

试题有 5 种功能：

（1）检测功能——检测你学得怎么样。

（2）诊断功能——看看你学习的薄弱环节在哪里，毛病在哪里。

（3）预测功能——显示出你在学习总趋势上的弱点，警告你不要忽视小的不足之处。

（4）激励功能——告知你的成功之处，鼓励你继续努力。

（5）竞赛功能——与你的同学比一比差距，鼓励你取得更好的成绩。

我们在学习中应当注意结合自己不同时期的不同学习活动，接受适当的（不应过度、过量）试题检测，以发挥考试的以上 5 种功能。

英语单词记不住怎么办

初学英语的同学首先遇到的难题就是单词背不出。有时候捧着书，尽管口中朗朗有声，脑子里却是空空的，一点也背不进去；有的同学喜欢在临考前突击背单词，好像是背得八九不离十了，可一进考场，好多单词都混在一起，差错百出。那么，怎样才能把背单词变成一桩有兴趣有效的学习呢？这里提供几个简易可行的方法，以供参考。

1. 边读边记

许多单词的发音相近，可以根据音节与拼写字母的关系来背单词。比如 bread 和 break 这两个词，在发音时除结尾的辅音 [d] 和 [k] 不同外，发音相同。你只要背出其中一个，另一个也就轻而易举地背出了。英语单词中这样的情况很多，如果在学单词时常常能举一反三，摸索出单词发音相近的规律，就可使背单词达到事半功倍的效果。

2. 集中记忆

英语学习是一个循序渐进的过程，如果你能花一段时间将以后几天英语学习中要碰到的单词集中在一起先背一遍，对这些单词有一个初步的概念。这样，在稍后几天的学习中，你就会感到有一点轻松，而且这些单词还可以再得到温习。再说，一定量词汇的掌握，为你有机会进行课外阅读打下了基础，而课外阅读的补充，又进一步温习巩固了你所学的词汇。

3. 间隔复习

记不住已背出的词汇符合记忆规律。一件新事物的记忆要经过记住—忘记—再记住的多次反复。因此当你背出某些单词后，不要以为大功告成，还要隔一段时间再复习一下，尽管再复习花费的时间并不多，效果却会很好。

4. 持之以恒

高楼大厦是一砖一瓦砌起来的。单词的掌握和量的积累需要时间，只要能细水长流，每天花时间背一些新单词，温习一些已背出的单词，背单词就会变得轻松起来。

学了英语不会听不会说怎么办

在英语学习中，会看会写而不会听不会说是个较普遍的现象，这与我们学习语言的环境及习惯有关。

我们学英语通常是依赖于课本。练习英语的途径是做大量的习题，而很少能有机会与他人对话。平时，在学校里，老师衡量我们学习好坏的标准又是书面的测验、考试。久而久之，重视书面的结果，往往就忽略了听和说，使得我们的听说能力很差。

单词是英语的基础。我们掌握单词的方法，常常是看到这个单词，然后一个个字母地把它背下来。这样在无意中养成一种形象性的记忆。也就是说，要认识一个单词，首先要把这个单词过渡到一种字母的组合，而不能马上反映出来，因此我们在正确拼写单词的同时，应该重视正确的发音。正确的发音不仅可以有助于单词的正确拼写，更重要的是能够确立一种新的比较有效的学习方法。对单词的记忆不再依靠字母组合，而是依赖发音，即依赖音节的组合。每当我们听到一种特定的音节组合，立即就可以知道这个词的含意了。

养成对单词音节性的记忆还不够，还要进一步掌握句子中词与词的"集成"发音组合规律。我们有这样的体会，在听到一个句子时，有些词难以捕捉，往往会一晃而过，听不真切。这是由于词与词在句子中形成了"吃音"和"连音"的组合发音。比如，"Is it a knife?"这个句子朗读时前3个词会发生连音，即［izito］的集成发音。又如，"I can't take English lessons this summer."朗读时有吃音效果，Can't 的［t］音几乎听不出。以上两例就是集成发音规律，辅音结尾的词与元音开始的词要连续，辅音结尾的词与辅音开始的词要"吃音"，即前面一个辅音轻读。这些集成发音在我们看和写时是感觉不到的，所以我们要把它落实在自己的朗读中，从而打好听说的基础。

此外，我们还要注意朗读时声音要响亮，要敢于抓住合适的机会，用已学的英语与他人问答，保持学习的兴趣，逐步达到读、听、说的全面境地。

为什么在学英语的初级阶段应口笔并重

听、说、读、写是 4 种基本的言语技能。从它们之间的关系上看，"听、说"涉及口语，"读、写"涉及笔语。其中，听和读是输入——获取信息；说和写是输出——传情达意。听、说、读、写分别涵盖着不同的专门技巧，需有专门训练才能培养起来。它们既有联系，又有区别，组成了语言的统一整体。口语和笔语绝不是互相干扰、相损相克，而是互相促进、相得益彰的。

口语对英语学习有积极的促进作用：

1. 增强兴趣。实践证明，当学生能够理解对方所讲的英语并作出相应回答时，他们的学习积极性就会大大提高。

2. 促进交际。知识转化为能力才有实际价值。有了一定口语能力的同学，在真实生活中能够解决一些实际问题。比如：用英语向外宾问候、回答外宾问路、帮助外宾选购物品，在课上可以用英语提问、回答问题，在课外的英语会话角里谈天说地……口语好的同学往往是学习兴趣最浓厚的同学。

3. 熟练句型。熟练的听说能力，可以有效地提高"语感"。当外界提出某种表达要求时，我们心中想到的是那些最熟悉的语词语句，而只有"上口"的词组和句型才称得上真正的"熟悉"。经过"听、说"熟练操作的语词语句在阅读和写作过程中便很自然地成为"最先被想到的"语词语句。

4. 加强记忆。英语是拼音文字，只要掌握了基础的语音知识，一般就能做到"见词能读音，听音能写词"，从而大大减少记忆单词的困难。又因听说激发了大脑皮层有关部位的积极活动，从而使记忆的"痕迹"加深。因此，通过"听、说"而获得的知识不易遗忘。

口语和笔语是相辅相成、互为补益的。所以，初学英语时，只重口语训练而偏废笔头训练，对语言能力的发展会有不良影响。有些同学忽视书面语的学习和笔头训练，只注重口头交际，口语中出了多少语法错误都不以为然，认为口语不是笔语，用不着字斟句酌，只要能大概表达出自己的意思就行了。久而久之，由于笔语的基础没有打好，就会出现一下笔就错误百出或者根本就写不出东西来的结果。而口语由于缺乏笔语练习来配合，也会养成表达松散的不良习惯。

然而另一方面，初学英语时如果只重笔语训练而偏废口语训练，对语言能力的发展同样也会有不良影响。"听、说"是英语入门阶段的学习重点之一。只抓笔语忽视口语的同学，毕业后往往是既听不懂又不会说，形成了"聋哑外语"。这时再回过头来抓口语就晚了，由于过了学口语的最佳年龄，他们会碰到更大的困难。

总之，初学英语是打基础的重要阶段，应该特别注意口语和笔语一起抓，不能偏废，不能搞"跛脚英语"，而应坚持全面训练。

接受英语口试要注意些什么

口试是报考外语专业的考生必须参加的一项测试。口试要求考生应用所学的言语知识，在很短的时间内作出迅速反应，并达到即时交际的目的。由于缺乏口语训练，不少中学生确实有某些口语表达障碍。此外，还有不少学生缺乏口试经验，缺乏有关口试内容与形式的必要知识。因此不知道如何应试，往往不能得到理想的成绩。

接受口试主要要注意下面 3 个问题：

1. 口试的内容与形式

（1）朗读。要求考生朗读一小段短文（100 个单词左右），以此测试考生对英语语音、语调的掌握情况，并初步检测考生的理解力。

（2）模仿。要求考生模仿朗读单词、短语及句子，以此测试考生的模仿能力。

（3）英语问答。包括要求考生回答所阅读的短文中的问题和自由会话两部分。以此测试考生听、说能力和实际交际能力。

（4）口头作文和看图说话。此形式测试考生运用所学的词汇、句型、语法等知识组句和连续说话的能力。一般要求考生连续说话不少于 5 句。

口头作文的题目往往是中学生比较熟悉的人与书。如：A visit to the Summer－Palace, My Family, My Favourite Sports, Our School, Our English Teacher 等。

看图说话是综合性测试项目，要求考生根据所给的提示，对图中人与事进行描述。

英语篇

2. 应试前的训练

（1）要加强朗读训练。朗读要注意单词的发音、句子重音及语调。最好选一些课外材料以适应正式考试中的短文。

（2）要确定若干专题，集中准备常用词组句型，训练表达能力。可以选择一些题目，围绕题目准备所需词组与句型，进行实际操练。如以 My Friend 为题，可以准备以下词组和句型：

a friend of mine like doing sth.

know each other

be interested in…

since 1985

be ready to help others

in the same class

do good deeds

help each other

be polite to…

be good at…

be kind to…

work hard at…

be liked by…

根据以上词组和句型，用完整的话介绍你的朋友，以这种方式训练自己连续说话的能力。同时还可找出一些图片，练习对图中人和物进行描述。还要注意交代清人与人之间的关系及事情的发展顺序。进行这部分训练，不要写出成段文字背记，尽量多说多练。

（3）训练回答问题的能力。选一个或几个合适的口语伙伴，以日常生活为题进行问答练习。也可根据短文、图片内容进行问答练习。

（4）应试前要进行交际实践。经过一段时间的朗读、听、说训练后，请老师进行口试的模拟练习，熟悉和了解口试的过程，做好应试的准备。

3. 应试策略

（1）树立信心。语言学家证实，掌握约 800 个基本词汇就能进行日常会话。中学6年的英语学习，已使我们积累了足够的词汇和句型，同时，考前又做了充分准备。我们应当相信自己会取得好成绩。

（2）争取主动。在进行自由问答时，你不要总是被动地等待老师发问，必要时也可问老师几个问题，争取变被动回答为主动交际。如：

Teacher：What kind of sport do you like best?

Student：I like swimming and playing ball games.

That's why I am very strong.

I believe plenty of exercise makes one healthy.

How do you like ball games?

（3）有效的回避和迂回。在口试中可能出现你想说但又不会说的情况，遇到这种情况，你的策略是：能说什么就说什么，可以回避也可迂回地表达。如当你介绍你的家庭成员时，你的爷爷是科学院的高能物理研究员，你不会用英语表达，①你可不提及你爷爷；②用你会说的词语代替你不会说的词语。你可以说：

He is a scientific worker.

He is a scientist.

He is a physicist.

He does research work in physics.

因为主考老师主要是考查你的口语能力，并不要求在事实细节上的准确性。

（4）注意礼仪。应试时举止要落落大方，不要过于拘谨，过于拘谨会影响你水平的发挥。要熟悉礼仪套语，但也不要做作。准确把握数据之间的关系和事实的性质、过程、后果（或结果），便成为读懂的重要因素。

加前缀：courage（n.）勇气，胆量，英勇——encourage（vt.）鼓励；head（n.）头——forehead（n.）前额。

加后缀：resent（v.）怨恨——resentful（a.）怨恨的，忿恨的；dark（n.）暗，黑暗——darken（v.）弹黑，遮暗。

1. 形象记忆法

如果老师在课堂上通过读写方式教你认单词，你会感到枯燥难记。假如你和老师去郊游，老师指着松树、湖、山对你说："This is a pine tree. This is a lake. This is a hill."你会很轻松地记住这些词。

2. 理解记忆法

理解的东西容易记忆，这是因为理解的识记是以已有的知识经验为基础的，容易与被识记的新材料建立多方面的联系。

3. 联想记忆

对一个生词，可以联想与它有关的一些事物进行记忆，这样你可以较轻松地记住一组相关联的词。如：pen，pencil，rubber，paper。

4. 多通道记忆

心理学对记忆保持率的试验表明：如果只是用嘴念，过一段时间，只能保持记忆 10%；如果仅用耳朵听，只能记忆 20%；如果只用眼睛看，只能记忆 30%。但是，如果同时采用眼看、耳听、嘴说、手写的方法，可保持记忆 70%。这要比单独用一种方法有效得多。

5. 兴趣记忆

同样一件事情，如果你对它感兴趣，有强烈的记忆愿望，就会主动去记，也很容易记住。反之则不然。

6. 有意识记忆

如果问你，你们家那层楼房的楼梯有多少个台阶，你不一定能回答出来。但是一个盲人对自己走过的楼梯就知道有多少个台阶，因为他为了上下楼梯方便需要进行有意识记忆，而一般人在这方面却往往"熟视无睹"。要记英语单词，就要进行有意识记忆，对遇到的生词，要尝试背诵。对于某些拼写复杂的词我们要给予特殊的注意。

7. 分类记忆

对相似的（读音或意义）、相反的（意义）、相近易混的词可以分类整理记忆。如对 aunt 与 uncle，stand 与 sit down 可以进行对比记忆；对 cat，tiger，wolf……；trip，travel 等可以分组记忆；对于像 four、for、fore 这类形式相近的词，可以区别记忆；对 Sunday、Monday……可以按顺序记忆。

8. 全部记忆法与部分记忆法

对高中生来说，若有 50 个生词，不妨一次就背下来。当天巩固一遍，第二天重背一遍……这样反复记五六次就可以了。这种方法（全部记忆法）要比把 50 个生词分成几组，记忆前一组后再记后一组的方法节省 20% 的时间。但对初中生，还是分成十几个词一组进行记忆更好一些。

9. 口诀记忆

对初学英语的人来说，把一些词或发音规律用口诀记忆，效果是很好的。

在保持阶段，提高记忆成绩的方法有：

1. 及时复习巩固

有经验的人都知道，差不多每个单词要背五六遍才行。心理学家研究过遗忘的规律，最著名的要算艾宾浩斯遗忘曲线，其要点是：

（1）遗忘是客观存在的，在记忆的同时遗忘就开始了；

（2）刚识记的材料在最初几个小时的遗忘速度最快，以后逐渐慢下来；

（3）任何一种记忆材料如果不经常复习总是要慢慢忘却的。

对每个人来说，不必抱怨自己记性太差，实际上无论记忆力多好，不及时复习却想经常保持记忆也是办不到的。所以同遗忘作斗争，及时复习巩固是记忆英语单词不可缺少的重要环节。一般安排的复习巩固时间为当天、第 3 天、第 6 天、第 12 天、第 24 天、期末。一直要记忆到不再遗忘。

2. 要经常使用这些刚学过的生词

如果你没有去过北京的某胡同，是按地图记路线好，还是亲自去一趟好呢？显然，去过一次的记忆效果要比单记地图上的路线好得多。因此，要想记住单词，你必须经常使用它们；用它们造句、作文章、阅读，尤其是大量阅读。只有这样，词语才能在头脑中获得巩固。

英语反义词有哪些特点？

提起英语中的反义词，我们都很熟悉，甚至一张口就能举出许多例子：

（1）young—old，right—left，large—small

（2）man—woman，female—male，boy—girl

（3）sell—buy，take—give，borrow—lend

有趣的是，反义词也有不同的类型，它们各有特点，存在着不同的反义关系，你注意到了吗?

先看上面的第一行词，在这行词的每组词之间都可以插进不同程度的形容词。例如，在 old 与 young 之间可以插进 middle－aged。

old－middle－aged－young 这一行词的每对反义词语义相对，形成两极。在现代英语词汇学中人们把它们称为"相对性反义词"。又如：excellent—good bad—terrible。

再看第二行词。这行词的每对词之间的关系是互相补充的关系。拿 man 和 woman 来讲，它们是一对互为补充的反义词，因为人类包括男人和女人，"女人"和"男人"是相对"人"这个概念而言的。男人和女人分别是"人"这一个总体概念中的一部分；男与女有相反的意义。我们把这类反义词称为"互补反义词"。又如：

dead—alive

married—single

从以上例子可以看出，在这种互补反义词中间不容插进表示层次性对立的词语。

最后，让我们来看第三行词。这行词每组的两个词之间有什么关系?拿 lend 和 borrow 来讲，lend 的反义词是 borrow，它们从语义上来讲有互为对立的关系；只有在"借给"这个动作存在的情况下，才有可能存在"借进"这个动作，相反只有在"借进"这个动作存在的情况下，才有可能存在"借给"这个动作。所以，lend 与 borrow 之间又存在着相互依赖的关系，也就是说一方的存在是以另一方的存在为前提而形成的一对反义词。

这些关于反义词性质的知识，有助于我们以归纳、对比的方法来学习反义词，更好地掌握和使用它们。

如何有效地使用英汉词典

我们首先要了解词典的类型以及它们的各种功能。下面，我们具体地谈一谈中学生究竟如何使用英汉词典有效地解决学习中的实际问题。

1. 如何检索词义

广义地讲，我们可以从任何一种英汉词典中检索词义。下面是几部英汉词典对 word 一词的释义：

（1）《新英汉词典》

word ［wə：d］n①词，单词；a new ~ 生词，新词/a ~ list 词表/coin ~ s（生）造新词/What does this word mean? 这个词是什么意思？（下略）

（2）《学生英语常用词词典》

word ［wə：d］n①词，单词；a word of two syllables （一个双音节的词）②词的书写或印刷形式；字 write a few words （写两三个字）。（下略）

（3）《英华大词典》

word ［wə：d］n①单词；［pl.］歌词，台词。②［常 pl,］谈话。说话，言语。③［不加冠词］音信，消息，传言，口信。（下略）

从上面的例子我们不难看出，即使对 word 这个尽人皆知的单词的词义，学习者也未必能全然做到"一查即明"。从实际使用的意义上讲，词典的汉语释义不能等同于词典使用者的词义"解悟"。使用者必定是在使用英语过程中借助词典去有目的地检索词义的。因此，这里就不可避免地存在着一个对词典有关信息进行选择的问题。中学生有效使用英汉词典，了解词义，需注意两个问题：

（1）要根据具体文段中所遇到的具体语境去选择有关的词义信息。比如，我们在文段中见到"He left her without more words."那么，我们在词典中应当检索到的词义就不是"单词""生词""词"一类汉语释义词，而应当是"说的话""言语""言词"一类释义词。

（2）要充分利用例句及有关短语细心体会词义。从某种意义上说，下面的英汉对应词是没有实际效能的：

Work↔工作

因为，英语单词 work 在实际使用中有多种含义，汉语的"工作"也有多种含义。而这两组"多种含义"并不存在着一一相应的关系。这样，我们可以断言：只记下"work↔工作"这种"表面性的"对应关系不仅不能解决实际问题，而且非常容易带来多种误解。词典中的例句或短语能够向我们显示某词的使用条件和使用场合，因此，它们便能够在很大程度上帮助我们体会该词的内在含义。词典使用者从例句中获得的有关词义的信息要比汉语释义更具生动性、典型性，因而也往往更有效。

2. 如何获悉词的适当用法

词典对于中学生来说既有"满足求知"的效能，又有"满足求用"的效能。就学习而言，求用比求知更重要。中学生利用词典求索用法应当逐步学会以下的技能：

（1）通过各种词典符号了解"本词"的使用条件。不同的词典有不同的符号代码或缩略代码，这就要求我们在使用某部词典之前认真研读该词典的符号体系，并在使用过程中逐步熟悉这些符号。

（2）通过词义项目的前后次序了解"本词"的引申线索和使用的程度。一般地说，一个词的词义及有关搭配的安排次序都是经过编者反复推敲的，其秩序大体有这样的安排原则：

①先本义，后引申义；

②先常见义，后次常见义，再特殊义；

③先普通义，后专用义；

④先易后难（对学习者而言）。

（3）通过例句、短语了解"本词"的语法功能和搭配关系。例如：

He doesn't care about trifles.

If you care to come on Saturday evening, I shall be glad to see you.

这两个例句明确地显示了动词 care 的两个具体结构，在组句活动中，此类例句有重要的参考价值。

有时，中学生会提出这样的问题：利用语法书能够知道句法，为什么一定要利用词典去了解句法呢？我们认为：语法书所谈的句法只涉及组句的一般规则，词典的例句则告诉我们词在组句中的具体规则——词与词之间的结构关系。

英语语法搞不懂怎么办

英语语法在英语学习中是个比较关键的问题。平时测验、考试的试题中，也占有很大的比例，语法弄不懂，成绩就上不去，学习英语的兴趣也就提不高。随着学习的深入，更会觉得英语语法难懂，甚至复习起来无从入手。因此，我们在一开始学英语时，就要尽量把英语的语法搞懂。

一般说来，搞不懂英语语法有以下 3 种情况，可以分别对待。

1. 狭义上说的搞不懂也就是对某一条语法、某一个结构弄不懂。这比较好解决，可以有针对性地参考一些书籍，或者请教老师，反复练习巩固，直到证实自己确实搞清了为止。要知道，单单弄明白还不够，关键是多练习。

2. 广义上说的模糊也就是把许多语法现象都串在一起，搞糊了。比如说 have 这个词，在不同的句子结构中，解释是不同的。在"Do you have a book?"中"have"解释为"有"；"I have English lessons every week."中，"have"又解释为"上（课）"；"I have breakfast at 7 O'clock."中，"have"又解释"吃（饭）"等。这就需要把各种结构分清楚，明确一个词在不同结构中的不同用法、不同意义。

3. 对整个语法是模糊不清的。事实上就是说最基础的知识没有学好。比如没有掌握组成句子时的词序，陈述句与疑问句结构形式上的不同，肯定句与否定句的转换，单、复数形式等，这说明你积累的问题太多了。你不可能通过做几道综合类题目来解决问题。"冰冻三尺非一日之寒"，因此你应该回到学习的起点，针对一个个薄弱环节选择题目进行操练。你也可请老师为你安排，循序渐进，分别掌握，最后在掌握的基础上，做综合类题目。当然在补习过去的语法时，也要注重对新教语法的学习，只有前后贯通，才能理出语法线条，胸有成竹地掌握整个语法概念。

英语语法规则这么多，怎样才能记清呢

英语语法规则多，各个用法之间的差别有时比较细微，不易弄清楚，更难以记住。但是，如果方法正确，下一些工夫，是可以学到手的。学习英语语法，首先必须弄清每个规则的基本概念和主要用法，然后再分辨与它相近的别的规则或用法的差异。这样才能弄清规则，记住用法。可以采取归纳、分类、对比等方法来达到上面的目的。

下面几种办法对理解和记住英语语法规则会有所帮助：

1. 将一条规则或一个词的所有用法归纳起来学习。比如将连词 as 的 5 种常见用法归纳如下：

（1）They took notes as they listened to the lecture.（表示时间）

（2）As you are tired, you had better have a rest.（表示原因）

（3）He doesn't speak as others do.（表示方式）

（4）Do not make the same mistakes as I did.（表示比较）

（5）Rich as he is, he is not happy.（表示让步，rich as he is 意思与 though he is rich 相同）

又如，在学完现在完成时的各种用法之后，可以将这些用法归纳起来学习。

2. 将容易混淆的不同的语法规则和词的用法，排在一起进行对比，很有利于分清差别。下面简单对比不定代词 some，any，no 的不同用法：

Our teacher has some English novels.（some 在肯定句中作定语）

Have you have any French novels?（any 在疑问句中作定语）

No, l haven't have any French novels.（any 和 not 用在否定句中，any 作定语）

She has no German novels.（no 在否定句中作定语）

又如人们学习英语现在完成时，常将它与过去一般时的用法相比较，学习将来一般时常将 shall，will，to be going to，be + 动词不定式进行比较。

3. 将内容相同而用法有细微差别的一些语法现象或词加以分类。如表示时间的介词有 at, in, on, during, for, from, before, after, by, past, since, till, to, within, 表示地点的介词有 above, at, in, on, behind, below, beside, down, into, out of, over, under 等。再找出一些典型的例子比较其用法的差别, 就会加深印象。

学习英语的最终目的不仅仅是理解和记清规则和用法, 而是要能使用它。因此, 在懂得了规则之后, 还有必要进行口头、笔语练习以及听力和阅读的实践。语言的练习和实践, 是学习语言最有效的方法。等到能使用英语时, 就用不着再去专门记忆语法规则了。

英语语法规则几乎每条都有例外, 怎么办

学习英语语法时经常碰到一种情况: 学了一条语法规则后, 碰上不少例外, 与该语法现象的基本用法几乎相反。有些例外情况甚至比基本用法出现得还多。这样就使初学者感到为难。在需要用这个语法时, 不能肯定究竟是否应该遵循基本用法。但尽管如此, 合乎规则的用法还是主要的, 例外毕竟是少数, 不能因为有例外就不去学习规则。那样就会无所适从了。

在学习一条语法规则时, 要先学会合乎规则的用法, 即基本用法, 弄清概念, 然后再学习例外的用法。对每个基本用法 (例外用法也是一样), 如能记熟一个典型例句, 可以帮助记忆, 长期不忘。现在以一般现在时为例:

1. 基本用法

Our teacher often works till midnight. (表示习惯动作)

He is fond of drawing and singing. (表示存在的状态)

The sun sets in the west. (表示客观事实和普遍真理)

2. 例外

The plane leaves at 6 pm. (表示安排好的即将发生的动作)

They will go on a picnic if it is fine tomorrow. （在条件状语从句中表示将来的动作）

如果仔细研究以上 5 句，可以看出第 1、2、3 句基本用法有个共同点：都表示现在经常发生的动作或存在的状态。实际上这是现在一般时的基本概念，抓住这个概念就掌握了这个时态。合乎这个概念的用法就属于基本用法。在第 4、第 5 句里，现在一般时用来表示将来的动作，不表示现在经常发生的事物，因此，它们是例外。

此外，学习英语语法规则，不仅要在概念上弄懂各个基本用法及其例外，还要通过多做练习来加深理解，使自己对这些用法印象深刻，做到见到就能理解，需要时能不假思索脱口而出。这样，对这个语法现象的掌握也就牢固了。此外，在听和阅读中如能经常接触这些用法，印象会更加深刻。

为什么说英语十大词类中动词是最重要的

英语共有十大词类：名词、冠词、代词、数词、形容词、副词、动词、介词、连词和感叹词。这些词类在句子中起着不同的作用，缺一不可，但起主导作用的是动词。

英语十大词类中，动词之所以最为重要，表现在下列几个方面：

1. 动词是句子的核心或灵魂。如果没有动词，即使有很多单词和短语堆积在一起，也不能构成句子。比如，white snow 和 on the roof 是两个词组，不能成为句子；white snow on the roof 也不是句子；a lot of snow on the roof of a high building across the street，尽管有 12 个词共 4 个词组，仍不是一个句子。如果在前面加上动词 is，成为 There is a lot of snow on the roof of a high building across the street，便成为句子了。

2. 动词决定句子的结构或句型。英语动词有 3 大类型：系动词、不及物动词和及物动词。3 类动词形成 3 种不同的句型，同时决定句子有哪些不同的主要成分。如果我们学会了 3 种动词的用法及其变化，就掌握了句子的命脉。下面是 3 种动词构成的 3 个句型及其例句：

动词句型（1）主语＋系动词＋表语 Zhang is a dentist.

动词句型（2）主语＋不及物动词 ogs bark.

动词句型（3）主语＋及物动词＋宾语 They enjoyed the concert.

3. 动词是学习英语语法的主要内容。英语动词表达人们非常复杂的思想、感情和行为，因而它的形式多，变化大。下面是英语动词的各种形式。

（1）时态英语共有 16 个时态，表示动作发生的时间。

（2）助动词和情态动词，表示说话人的语气和情态。

（3）语态表示说话人对事物的看法和态度。如果说话人认为他的话是事实，就用直陈语气；如果认为不是事实，用虚拟语气；如果说话人向对方下命令或请求，则用祈使语气。

（4）非限定动词。英语动词有分词、不定式和动名词，在句中可作多种句子成分。

英语动词在十大词类中占最重要的地位，还可以从语法书的篇幅中看出。在许多包括英语词法和句法的语法书中，动词部分的篇幅一般占全书的 1/3，少则 1/4，有的多达 1/2 还强。英语动词对初学者的重要性，就可想而知。

什么叫动词句型？为什么老师常说掌握动词句型最重要

句型指句子的结构。英语有各种类型的句子，句子的结构由动词决定。不同的动词构成不同的动词句型，产生不同的句子或句子结构。因此，学习动词句型就是学习句子结构或学习如何造句。如果能正确地使用动词句型，就能讲出或写出正确的句子。阅读英语碰上不懂的句子时，就能通过分析句型来理解句子的意思。

英语的其他词类如名词、代词、形容词、副词等也是造句时不可缺少的成分，应学会使用。但是，这些词类不能决定句子的主要结构。

英语究竟有哪些动词句型？应如何掌握使用？英语动词数量众多，句子千变万化，初学者往往不知如何下手。但如果抓住动词句型这条线索就很容易理出头绪。英语句子只有3大类（即三大基本句型），由3种不同动词构成。所有的简单句都属于这3大类中的一种，而复杂的句子是由简单句组成的。学会简单句的句型之后，就能较容易地学会复合句。

下面是英语3种基本句型（基本句型三又有3种变化）：

1. 基本句型一

主语 + 系动词 + 表语　This sentence is easy.

2. 基本句型二

主语 + 不及物动词　Fire burns.

3. 基本句型三

（1）主语 + 及物动词 + 宾语　I like biology.

（2）主语 + 及物动词 + 间接宾语 + 直接宾语　The Bun gives us light.

（3）主语 + 及物动词 + 宾语 + 宾语补足语　He found the exercise difficult.

以上几个基本句型的例句，只包括句子的主要成分，比较简单。实际上人们所用的句子要复杂得多。句子的主要成分常有变化，而且还有各种各样的修饰语和附加成分。但不管句子如何复杂，只要先找出主要成分，了解是什么动词句型，句子的含义便会一目了然。

英语动词时态变化很难学，有什么好方法吗？

英语动词时态由于种类多，时态之间的差别较细微，规律之中往往又有例外，因此较难掌握。但如仔细观察研究，还是可以学会准确使用的。

1. 学习一个时态要弄清它的形式及其变化。有的时态形式比较简单，如现在一般时的动词一般不变，只有第三人称单数加 s 或 es。有些时态的形式需要将动词变为分词，还要加助动词，如各种进行时要用助动词 be 加动词的现在分词，各种完成时要用助动词 have 加动词的过去分词。此外，还要弄清楚各种时态的被动形式。

2. 最重要的一点，是要理解每个时态所表示的基本概念，掌握主要用法。比如现在一般时表示经常发生的动作或存在的状态，这是它的基本概念和主要用法。如 Children go to school every weekday.（表示经常动作）和 It is usually cool in autumn.（表示经常状态）这种时态一般不表示某一个动作，因此，不能用现在一般时表示已经发生的动作，比如说："I come to class late this morning."就错了。

现在完成时是比较难的一个时态。它表示过去发生的动作对现在所产生的结果，或者是动作一直继续到现在。动作尽管发生在过去，但它仍是一个属于现在的时态，不能和表示过去时间的状语如 yesterday，an hour ago 等一起用。如果写成或说成 He has gone to Shanghai yesterday 和 I have come here an hour ago 等类的句子就错了。

3. 对比较接近、易于混淆的时态进行比较，有利于掌握两个时态。上面谈到现在完成时表示过去发生的动作对现在的影响或结果，一般过去时则表示过去发生的动作或存在的状态，与现在毫无关系。通过下面的对话，可以清楚看出两个时态的不同用法：

A：Have you seen the movie?（你看过这部电影吗?）

B：Yes，I have.（我看过。）

A：When did you see it?（你什么时候看的?）

B：I saw it last week.（我上星期看的。）

前两句的对话强调的是有没有看过这部电影，所以用现在完成时，后两句对话问的是看电影的时间，所以用一般过去时。同一件事，从不同角度谈论，需要用不同时态。

还有其他的几个英语时态都可以通过对比来加深理解。如现在一般时与现在进行时，现在一般时与过去一般时，过去一般时与过去完成时，现在完成时与现在完成进行时等。

4. 在学习时态的整个过程中，仅仅对比是不够的，还要做大量的口头和笔头练习，如造句、编写对话、写一些段落等。将学过的时态的各种用法有意地用在口头和笔头练习之中，做练习加深印象，也有助于学会如何应用时态。这是学英语必不可少的过程。练习做多了，对英语时态的各种用法熟悉了，也就学会了使用英语的本领，达到了学习的目的。

逐字逐句分析语法结构是学英语的好方法吗

逐字逐句分析句子不是学习英语的好方法。

英语句子由单词构成。这些单词并不是孤立和互不相干的，而是组成一个个词组或短语。每个短语长短不一，只表达一个概念，充当句子的主要成分或次要成分。它们像大小不同的积木块一样，结合起来构成句子，表达一个完整的思想。无论从句子的形式还是内容来看，构成英语句子的基本成分，主要是这些词组。而不是孤立的单词。现在看看下列句子：

1. Many boys and girls go to school by bicycle early in the morning.

2. Her father is an excellent physics teacher at Fuxing High School.

第一句包括 Many boys and girls，go to school，by bicycle 和 early in the morning 共 4 个词组。第二句包含 Her father（主语）和 is（系动词）及两个词组 an excellent physics teacher 和 at Fuxing High School.

学习英语句子的较好办法，是把注意力放在上面那些词组和短语上，学习模仿它们来造句。造句时当然可以随着内容的需要略加改动，用来表达自己的思想。比如可以模仿上面句子中的词组讲出或写出下列的句子。

1. My brother goes to work by motorcycle every day.

2. Mr. Li is a very good history teacher at No. 1 Middle School.

学习英语时如果逐字逐句分析句子结构，会把整个句子弄得支离破碎，无法做到像上面例子表示的，按一组组的词组模仿造句。

此外，如果养成了逐字逐句分析语法的习惯，阅读英语时难以掌握文章的内容，结果阅读速度会十分缓慢，很难培养广泛阅读和快读的能力。

当然，我们有时的确需要进行一些句子分析。初学者开始学习英语句子结构时，有必要通过分析句子结构来了解句子的各种成分和词与词之间的关系（即它们是如何组成词组和短语的）。这是一种提纲挈领式的分析，与逐字逐句分析有所不同。另一种情况是，由于对句子的某个部分的作用（即结构）了解不透，影响对全句的理解时，可以通过分析这部分的结构来帮助理解这部分以及全句的含义。

为什么说读英汉对照读物既有利又有弊

中国学生学习英语始终伴随着"如何处理好英语与汉语的关系"的问题。读英汉对照读物是否可取是与此问题相联系的。

一般来说，在听、说训练中，在快速阅读训练中，在接受英语句型并了解语句内部的逻辑关系的活动中，英汉互译活动是应尽量避免的，因为在上述学习训练过程中，经常联想母语（汉语）至少有这样一些影响：

1. 言语交流的速度不易提高；
2. 单纯凭借母语去理解外语往往影响深入体会逻辑关系；
3. 凭借翻译去理解外语有时会造成理解错误；
4. 不易接受英语的特定表达习惯。

由此我们可以认识到，用于口语训练的教材以及用于快速阅读的教材不宜采取英汉对照形式。英汉对照读物有时会养成依赖汉语进行理解的习惯。我们曾做过这样一个小实验：将同样一篇文章打在 3 页纸上，A 页只打英文，B 页除打英文外还在英文旁边打出生词或词组的汉义，C 页则为英汉对照形式。教师对 3 组学生（初中）提出同样的阅读理解要求并进行阅读技巧的指导，然后让 3 组学生分别处理 A、B、C 各页的英文。预定时间过后，收回 3 种形式的文章，并要求 3 组学生分别回答涉及英语措辞方面的问题（不涉及文章的具体内容）。问卷结果表明，阅读 A 页的学生成绩最好，阅读 B 页的学生成绩参差不齐，阅读 C 页的学生平均成绩不如前二者。为什么会有这种情况？我们认为，这是因为英汉对照的 C 页已为学生提供了文章内容的全部答案，这样，学生对文章的探求动机便被明显减弱了，他们无须通过文字来挖掘文章的意思，这说明汉语译文使他们产生了明显的依赖性。许多心理学实验都证明：人在没有任何参考、暗示和启发的情况下解决学业课题，有可能使自己的心智活动达到最佳状态。

如何培养学习兴趣

有的同学可能要问：那么，读英汉对照读物是不是在任何情况下都是不可取的呢？我们觉得，问题并不是那么绝对的，初学英语的人在不参照汉译和其他注释的条件下进行英语阅读不可避免地会有很多误解，比如，有的同学把"It's unlike him to be late."误解为"（人们）不喜欢他迟到"。实际上此句意为"他不像是会迟到的人"。又如，有人把"It is quite another story now."理解为"这完全是另外一个故事了"。此句意为"现在情形完全不同了"。凡属遇到此类情况，正确而恰当的汉译都能及时起到矫正作用。

不论多么简单的文字，都有体会"神韵"的问题，其中包括情态、时态、疑问、否定等手段的妙用。直接阅读原文固然可以逐步接触到这类妙用的真正微妙之处，但若有一卷优秀的英汉对照读物在手，恐怕就相当于请来一位英语"行家里手"在旁亲自指点评说了。请你体会一下这些并不复杂的语句的某些微妙之处：

I've seen a better one.

这没什么稀奇的！

What is the hurry, Buddy, are you going to a fire?

看你这忙乎劲儿，就跟谁家着了火似的！

What have you to be so proud?

你究竟有什么了不起？

No hard feeling. I said I'm sorry, didn't I?

别生气啦，我不是道对不起了吗？

我们可否这样讲，如果不借助老师讲解又不借助汉译，像上面这类在任何小说、短文、会话中都可能出现的有血有肉的句子，同学们是很难迅速得其"精神"的。

仅此两个例子，我们便不难看出优秀的英汉对照读物的可用之处了。但是，请同学们注意，在阅读对照读物时，一定要首先利用自己已经掌握的语言知识尽最大的努力来阅读和理解原文，同时也可找出自己不理解的部分，然后再去（倘有必要的话）对照译文，验证一下自己的理解是否正确，并对不理解处找到答案。切忌不好好下功夫而"依赖"译文，或先看译文再看原文，这都不利于阅读理解力的提高。记住，译文只应作为必要时的参考物，当然，欣赏译文的妙处，也可算阅读对照读物的用处之一。

学习英语也要背一些优秀的文章吗

好多英语学得好的同学在交流学习经验时都承认他们得益于背诵。有经验的英语教师也强调要学好英语必须背诵一定数量的句型、段落及优秀篇章。C. E. 埃克斯利（英）说过："学习说英语，不是、也不应当是学习'语法规则'，而是练习说法或句型，要使运用句型达到自动化程度，就像呼吸那样是不假思索的。"看来，不背诵是不会达到"自动化程度"的。这些说法很有道理，俗话说"熟读唐诗三百首，不会做诗也会吟"。这个道理也同样适用于英语学习。

背诵可以给我们的英语学习带来多方面的益处：

1. 有利于词汇的情景记忆。

2. 有利于熟悉语句结构。学习语言的规律是先语言后语法，语法总结了语言结构中的规律。背诵过一定的东西之后，能加深对语言的理解，减少语法的难度。我们都会讲汉语，可有哪个人是先学了语法以后才去学说话的呢？

3. 有利于掌握习用语。英语拥有极为丰富的习用语，初学者不宜从语法角度去"消化"这些"约定俗成"的语词、语句。背诵反而更有实效。

4. 有利于培养语感。背熟了的东西往往能够脱口而出。更为重要的是，在不断地"脱口而出"的过程中，我们能够把许多具有内在联系的语词紧密地联系起来。长期坚持这样做，"神秘的"语感便会以实实在在的形式巩固于头脑之中。

5. 有利于提高鉴赏能力和语言审美能力。

为什么在中学阶段光学课文是不够的

在中学阶段只学英语课本是不够的，尤其是阅读量不够。《中学英语教学大纲》指出："要提高英语阅读能力，单纯通过教科书中的课文教学是远远不够的。"并进一步提出要求："高中阶段在继续进行听、说、写训练的同时，侧重培养阅读理解能力。"这就明确了课外阅读在英语学习中的地位：不是可有可无，而是非有不可。

1. 要达到《大纲》要求，阅读量就必须大大增加

阅读能力是在大量的阅读实践中培养起来的。可是，由于篇幅所限，目前中学 6 年的英语课本的核心篇章（即课文）总计 50000 个词左右，再加上每学年进行的期中、期末考试中的篇章所带来的阅读量（如果每次高中的考试以标准化的方式进行，那么完形填空可带来 1~2 个篇章，约 400 个词；阅读理解有 3~4 个篇章，约 500 个；每次考试学生可接触 900 个词，一学年是 4 次考试，3600 个词。高中 3 年的考试带来的阅读量共计约 10800 个词），中学 6 年 12 个学期里，平均每个学期每个学生仅仅能接触字量约为 5100 个词的文章。可是，根据专家们的研究，中学生要想在阅读能力上"过关"，达到《大纲》要求，阅读词量应达 35 万~40 万个。

2. 课本的精读篇章需要借助阅读课外其他篇章来巩固

每篇课文都有一些语言点、词汇或语法知识，只靠课文学习是根本不可能牢固掌握的，起码要在其他篇章中再现 2~3 遍，才有可能真正理解并记住。

每学一课，做一定量的同步阅读训练来巩固课文是十分必要的。

3. 靠阅读来补充课本没有介绍的知识

有人把英语简化为学习语法和词汇。就是说，他们认为"语法 + 词汇 = 语言"，却不知单凭这个公式是很难获得交际能力的。比如，你以中国的寒暄方式问英美人："Where are you going?"他们很可能误认为你在监视他们的行动而拒绝回答。再如，通常如果一个男子对一个女友这样打招呼：

"Good morning, my sunshine!"中国女同学很可能会不习惯。可实际上，他只不过是向你表示友好和亲切，认为你是个令人愉快的人。你应认识到他的友善并为自己被称为给人带来快乐的"阳光"而十分高兴。像这样的交际知识还有很多。另外，背景知识也很重要。如历史背景、文化背景（包括英语民族的风俗习惯、生活方式、宗教信仰、民族传统、价值观念、应对礼仪等）。此外，还有许多应用文体（如各种书信、广告、电报、电传……），由于篇幅有限，课本无法把它们全面系统地编入教材，而这些知识都是正确地理解和运用英语所必需的。所以，我们必须靠课外阅读来补充这些重要的知识。

不难看出，要想真正学好英语，光学课本是不够的，还必须进行大量课外阅读。

中学生有必要从头到尾读一本英语语法书吗

目前中学生学习的英语课本，都结合课文内容由浅入深、由简单到复杂逐步提供语法知识。从初中到高中的课文中，基本上包括了语法的主要内容。因此，中学生特别是初中同学，最好是跟着课文学习语法现象，尽量学会模仿使用，不必急于系统地学习语法。因为接触的英语少，缺乏英语的感性知识。而语法书的内容较多，有的地方不易理解，学起来会感到吃力和枯燥无味。

能给介绍一两本适合中学生用的英语语法书吗？

近年来，国内出版了不少供初学者学习的英语语法书。现根据书的内容及广大读者的反映，向中学生推荐其中的两本。

第一本是由外语教学与研究出版社出版的《中学英语语法》，此书由单先健主持编写，编者是北京海淀区王绍芬等几位有丰富教学经验的英语老师。全书共19章，每章的第一部分都较详细地说明一个语法项目及其用法，文字通俗易懂，并适当地就汉、英两种语言的差别进行对比，便于读者学习。第二部分是大量的练习，按由浅入深、由易到难、突出重点，先单项、后综合的原则编写，并在书后附有答案。

《中学英语语法》自 20 世纪 80 年代初出版以来，对提高中学生英语水平及高考英语的成绩起了重要的作用。

值得向中学同学推荐的另一本语法书是《英语语法手册》，由商务印书馆出版。此书编者是北京外国语学院薄冰和赵德鑫等。自 1964 年出版以来，一直受到广大读者的欢迎。使用本书的读者有中学老师、高中生、大学生以及各行各业因工作需要而自学英语者。

《英语语法手册》除介绍每个语法现象的形式和主要用法外，还比较齐全地归纳了难于掌握的一些词类的用法，如介词、连词、不定代词、助动词和情态动词等。书后附有不规则动词表、英语语音讲座和构词法（包括主要的前缀和后缀），供读者随时查阅。

该书第四次修订本已于 1991 年问世。这次修订本更换了大量例句，增添了日常生活内容的句子。此外，应广大读者多年的要求，在每个语法项目之后安排了练习，书后附有练习答案，便于读者自学。

中学英语学到什么水平叫"过关"

"过关"的问题主要包括两个方面：1. 属于语言知识的语音、语法、词汇的"过关"；2. 属于言语技能（即听、说、读、写）的"过关"。

一个高中毕业的学生在语言知识方面至少应达到下列要求：

1. 语音

（1）元音字母在重读闭音节、开音节中的发音规律。

（2）主要元音字母组合和辅音字母组合的一般发音规律。

（3）音标的辨认和拼读。

（4）双音节和多音节词中的重读音节。

（5）连读和失去爆破。

（6）某些不符合发音规律的单词读音，某些单词中字母或字母组合的不发音，相同字母或字母组合在不同单词中的不同读音。

如何培养学习兴趣

（7）名词和动词形式变化后词尾的一般发音规律。

（8）句子中的重读词、意群的读法、升降调的使用。

熟练掌握了上述知识的同学，能根据音标和重读符号正确读出单词；能拼读符合读音规则的单词；能以正确的语音、语调流畅地朗读课文；能根据语音语调基本上判断出说话人的肯定、疑问、强调、惊叹、厌烦等态度或情感。

2. 语法

（1）掌握构词法的一般知识（如前缀、后缀、派生、合成等）。

（2）能用学过的单词、短语和句型造句，句子结构基本正确。

（3）熟练掌握5种常用时态（一般现在时、一般将来时、一般过去时、现在进行时、现在完成时）的基本用法。

（4）能准确地将直接引语变为间接引语。

（5）能准确地把主动语态的句子变为被动语态的句子。

（6）能对复合句进行分析，基本掌握各种从句。如：名词性从句（主语从名、语从句、宾语从句）；定语从句（限制性定语从句、非限制性定语从句）；状语从句（时间状语从句、原因状语从句、条件状语从句）；同位语从句。

（7）较熟练地掌握非谓语动词（动名词、分词、动词不定式）的用法。

（8）基本掌握主谓一致。

（9）基本掌握助动词、情态动词的用法。

（10）掌握冠词（定冠词、不定冠词）的基本用法。

（11）熟练掌握数词（基数词、序数词）。

（12）熟练掌握英语时间（年、月、日等）的表达法。

（13）基本掌握祈使语气、虚拟语气。

（14）基本掌握倒装句、独立主格结构。

（15）掌握英译汉的基本知识。

3. 词汇

（1）能运用读音规则和构词法学习生词。

（2）能正确读出并拼写 2700～3000 个单词（并基本掌握词类及词义）

和一定数量的习惯用语，而且能口、笔较灵活地使用其中 1500～1800 个（约 60%）最常用的单词。

（3）掌握部分单词的英文解释。

（4）掌握部分单词的派生词、合成词、转化词、同义词及反义词。

（5）正确掌握词义辨析 150 例。

言语技能方面过关的具体要求是：

1．"听"

（1）能听懂教师用英语讲课。

（2）能听懂比课文稍容易的短文或其他材料（生词的比率一般不超过 2%），听 2～3 遍后，就能抓住主要情节进行复述并说出短文的中心思想，而且能较好地完成听力理解练习。

（3）听的速度一般不低于每分钟 90～100 个词。

2．"说"

（1）能够围绕一个较熟悉的题材（例如课文）进行连贯的口头问答、复述及谈论。

（2）能进行简单的日常会话或 15～20 个问答的专题会话。

（3）能自由表述 5 分钟，或两人交谈 10 分钟，做到语气自然，基本无错。

3．"读"

（1）朗读：能较好地掌握不完全爆破、连读、意群停顿、节奏等朗读技巧，能流利地朗读基本上无生词的短文。

（2）阅读：阅读生词量为 2%～3% 的文章速度应达到每分钟 80 个词，快速阅读应达到每分钟 200～250 个词。

4．"写"

（1）能准确地、较详细地记课堂笔记。

（2）能改写、缩写或扩写课文。

（3）能运用所学句型、词组等写出 450～500 个词的短文或书信，做到意思连贯、连写正确，用词、格式、标点符号无明显错误，还应做到无严重的语法错误。

（4）能听写浅显课文的材料，书写速度应达到 10 分钟 100～200 个词左右。

关于怎样能使自己"过关"，这里向你提出几点建议：

1. 认真学好课本。

2. 进行大量的、力所能及的课外阅读。

3. 坚持每天收听或收看广播或电视的英语教学节目。

4. 利用一切机会尽可能多地用英语与同学、老师、外宾交谈。总之，学英语应多听、多说、多读、多写、多实践。

听懂的标准是什么

"听懂"有时并不意味着毫无遗漏地把握说话人的每一个用词。一般来讲，"听懂"是指理解对方的言语信息，而且通过了解言语信息来了解说话人的意图、心态、想法及其他，并据此作出恰当的反应。

"听懂"有没有标准？回答应当是肯定的。因为，尽管我们可以有各种不同形式的"听懂"。但听懂、听不懂或半懂不懂，总是可以找到某种衡量尺度的。那么，进一步问："听懂"有没有固定的标准？我们很难用"有"或"没有"来简单地回答这一问题。因为在很多具体情况中，听懂是与具体的交际情境相关的，因而听懂的标准也就因交际的目的、内容、条件、情境的不同而不同。

听的言语活动可包括在日常谈话中听对方讲话（需要听与说的双向活动），倾听别人谈论某事（不一定是双向的），听讲话或听专题报告，听朗读（在现场），听录音，听广播等。大体上讲，这些活动可分两大类：1. 可以在现场借助各种非言语信息的听话活动；2. 不借助或基本上不借助可见的非言语因素的听话活动。前者的听懂可能容易一些，后者则可能难一些（当然还要视内容与语言的难度如何）。按难度来讲，我们可分出以下几个层次：

1. 日常谈话

人们的日常谈话，有情景，有具体条件，有来言去语，此类听话活动可借助多种暗示条件（如眼神、手势、表情、姿势等），所以，只要了解其中的主要词语及其表达功能，并抓出 key words，即可做到"听懂"意思。

请研究以下对话：

Frank：Joan，must I <u>stay in bed</u> all day?

Joan：<u>No</u>，you needn't. You can get up if you like，but you <u>mustn't go out</u>.

Frank：May I <u>watch TV</u>?

Joan：<u>Yes</u>，but only for <u>an hour</u> or so.

Frank：Can I <u>go to school</u> in the afternoon? There's going to be a <u>football match</u>.

Joan：<u>No</u>. You must <u>stay at home</u> all day.

Frank：Oh，don't be <u>too hard</u> on me!

这段对话是在 Frank 有病的情况下进行的。有了谈话的范围，有了一定的谈话前提，借助双方谈话时的情景，只需弄懂句子中画线部分的词即可听懂。

2. 一般性讲话（听者在现场）

这种讲话主要涉及日常生活的某些话题，如谈论学校生活、家庭生活、文娱活动、体育活动、商品信息、新闻等。这时。我们只能听对方讲话，自己没有介入的机会，所以要听懂对方的讲话只能借助现场情景、讲话人的讲话宗旨，并且结合讲话人的体态语言，再理解对方的一些主要词句才可听懂。

请研究同学 A 听到的一段老师的讲话：

The World Championship Table Tennis Com—

petition begins in Tokyo this week. About

three hundred men and two hundred women from

sixty-six countries will take part in the table tennis

competition.

对于这段话，只有把一些关键词语理解了，再结合老师写在黑板上的

"300、200、66"这几个数字以及挥动乒乓球拍的手势方能听懂。要听懂这类讲话应注意理解以下问题:"who""what""where""when""why",还要结合当时的情景。

3. 现场专题报告

这里指有一定深度的学术或政论报告。因为讲话有一定的深度,又涉及许多细节,讲话本身的内涵特别丰富,这时漏听、误解或不理解其中某些句子甚至词语都会给理解整个讲话造成困难。这时听懂的标准就高一些,要抓住大部分词句的意思,还需把前后语句准确地贯穿为一体才行。

4. 听讲话录音或听广播

听讲话录音与收听广播的听懂标准要高得多。这时我们不能借助背景信息、体态语言及场合条件,也不能借助日常的一般性交际经验,只能完全依靠对英语言语材料本身的理解。理解大部分语句才能算听懂。

由以上可知,现场直接交际(日常谈话、一般讲话、专题报告、听电话等)由于可借助情景、交际经验、场合、体态语言等,其听懂的标准相应的低些,按听的言语材料的难易可以从理解只言片语到理解50%～60%就算听懂了。而非直接交际(听讲话录音、听广播等)由于不能借助背景信息、体态语言、场合等,要想听懂,其标准自然就高一些。但一般能理解60%～80%也就可以了。

最后,还要强调一点,对同一个听觉言语材料即使是同一个人去听,由于交际的目的不同,听懂的标准也不同,按不同的听懂标准,我们可以说某人在某一水准上能够听懂某一类型的听觉言语材料。

能够自己训练听力吗

听力能够自己训练,这是肯定的。

所谓听力,李庭芗在《英语教学法》中曾给予解释:"听的能力或听力是一种领会能力。听的训练包括听音会意和听音辨音两项。"这里说的会意,是指抓住和记住别人说的大意或要点,弄清说话人的真实意思。

听音会意应当是听力训练的主要目标，但听音辨音又直接影响会意。因此，在自己训练听力时，首先要弄清哪些因素在影响听音辨音。

其次，要注意英美人在发音上的差异。如英国人读〔ɑ:〕的音，美国人发〔æ〕。美国人读 last 为〔læst〕，而英国人读作〔lɑ:st〕，等等。

如前所述，听音会意是听力训练的主要内容。自己可以这样来进行训练：先准备好适中的听力录音教材，教材中涉及的语法项目应是已经学过的，生词或新词组不要超过 2%。不要太难以至于一点也听不懂，以第一遍能听懂 20% 为好。当然也不能太容易，如果太容易便难以满足提高听力的既定要求。听力训练主要是使自己的听觉逐渐适应英美人的发音，适应他们的语气、语调和语速。

一般来说，训练听力分以下几个步骤：

1. 第一遍听录音，不要试图把每句话、每个词都听懂，而要把注意力集中在弄清所说事情的大致线索上。

2. 第二遍听录音，要求把所遇到的生词和词组记下来，如没记下来不妨再放一遍。然后再放录音并结合图片或上下文或通过查词典弄清这些词或词组的含义。

3. 再反复听几遍录音，直到每句话都能听懂为止。可以分段反复听。

4. 听录音并跟读，即听一句或两句自己跟读一遍，并体会这句话的语气、语调、语流，以加深对每句话的理解。

5. 再听两遍录音，仔细体会说话人所要表达的情感、事情或故事所揭示的主题。

听力训练是一项实践性很强的活动，要想提高听力，不能指望听一两盘磁带就解决问题。只有坚持经常练、反复听，才能不断提高听力水平。

我很想练英语演讲，应怎么练

进行英语演讲是提高英语整体水平的一个很好的方法。英语演讲是使用英语直接面对群众的谈话，是有目的、有中心、有条理地发表个人观点的讲话。英语演讲有这样几个特征（要素）：

1. 使用言语一般为口语英语；

2. 有适当的场合，一般有相当数量的听众；

3. 有中心，有目的，条理清楚；

4. 伴以各种动作、姿势、眼神等；

5. 具有鼓动性或说服性；

6. 具有可交流性，即时刻与听众进行信息交流。

由此可见，英语演讲除要求演讲者具备较高的英语语言水平外，还要求演讲者具有一定的文化素养和较高的思想修养，要具备较广泛的社会生活常识。

英语语言水平要靠平时的学习来提高，而思想修养、文化素养也要靠平时的学习来培养。那么，有了一定的思想修养、文化素养和较高的英语水平，就是一个好的英语演讲者了吗？不一定。一般来讲，要做一个好的英语演讲者还要进行以下一些练习。

1. 练习写演讲稿

（1）选材要合适。中学生的英语演讲限于英语水平，不可能长篇大论，因此在选材上要把握以下几点：

①论题宜专不宜泛。

②要选自己熟悉的话题。

③开掘要深。论题虽小，但立意要新，要有自己的特色，要能够把话题讲深刻。

（2）注意开头与结尾。英语演讲的开头应能吸引听众，具体方式则是多种多样的：

①开宗明义地提出自己的论点；

②提出一个吸引人的问题；

③以某个小故事或事件引出；

④以权威人物言论立论，展开讨论。

请看韦伯斯特（美）在为悼念约翰·亚当斯和托马斯·杰佛逊的逝世并捍卫《独立宣言》的光辉传统而发表的演讲的开头：

Sink or swim, live or die, survive or perish, I give my hand and my heart to this vote.

韦伯斯特演讲的开头以简洁的语言提出了一个发人深省的问题，并且开宗明义地提出了自己的观点。这是一个典型而精彩的演讲开头。

英语演讲的结尾要有号召力，要能给听众留下一个鲜明的结论或引人回味、发人深省的警句。请看 Patrick Henry 1775 年 3 月发表的反对与英国殖民主义者妥协，号召进行独立战争的著名演讲的结尾：

I know not what course others may take; but as for me, give me liberty or give me death!

从此，"不自由，毋宁死"的口号鼓舞着美国人民纷纷拿起武器，投入到争取民族自由独立的战争中去。

（3）语言。由刚才两个例子可以看出英语演讲的语言要求准确、鲜明、生动、流畅、上口、悦耳。当今，则更要能反映出 21 世纪中学生的风貌。演讲的语言多数采用口语并讲究修辞。切忌咬文嚼字、堆砌辞藻。同时要注意英语演讲要以理服人，不要故作高谈阔论，全然不顾及听众的态度。演讲的语句宜短不宜长，词宜小不宜大，宜熟不宜生。

2. 练习口才

英语演讲主要是通过演讲者的言语来直接与听众交流情感、传递信息的，因此演讲者要有好的口才才能最有效地感染听众、说服听众，阐明自己的观点。有的同学担心自己平时不善言辞，因而自认为不是搞演讲的"材料"，这种担忧是不必要的。原来口才不好经过刻苦练习而成为著名演说家的例子很多。日本前首相田中角荣也是这样，他小时候有严重口吃。后来，他经常练习大声说话，练习歌唱朗诵，争取上台表演，从而克服了口吃的毛病并练出了好口才。

练习口才可以从以下两个方面着手：

（1）练习呼吸

有的人大声说上几句话就会上气不接下气，或声音渐小，甚至嘶哑。其原因在于没掌握正确的呼吸方法。正确的呼吸方式应采用腹式呼吸。具体方法是收腹时吸气而放松时呼气，最后再结合发声练习，一般在呼气时发声。

（2）练语音、语调

①平时要练习大声朗读英语课文。尤其对有对话的课文，要模仿对话人的口气大声带表情地朗读。

②多练英语绕口令，使口齿清楚、伶俐。

③找一些英语演讲名篇进行操练。注意发音要正确，语调的抑扬顿挫要自然、流畅，合乎英语的发音习惯。

3. 练姿态及交流

人的姿态无非是手、脚、头、脸的动作或表情加眼神。演讲者的眼神及手势、表情的运用是根据与听众交流情感的需要而产生的。既不能表现得呆板、单调，又不能夸张可笑地做表演。姿态的运用应利于渲染演讲者的言语及气氛，有利于听众与演讲者的交流。具体来讲，我们可做如下练习：

（1）充分利用班级及学校的各种集体活动场合发表讲话，比如表演英语短剧，做英语游戏，用英语介绍学习体会等。这时要注意全体听众的注意力，以眼神和他们进行情感交流，但不要无目的地左顾右盼。

（2）运用手势来增加言语表达力。手势与演讲内容的配合需要长期训练。特别是在进行英语演讲时，演讲者的主要注意力集中在语言方面，手的活动往往成为一种半下意识的活动，倘若不加注意，势必影响演说效果。我们在训练中，要随时注意依靠内心活动的起伏来带动手势和言语，以此谋求手势与言语的协调。

（3）要注意表情应与内容吻合。一般演讲以微笑为适度，但也应根据内容表现出你的严肃或愤怒，以引起听众思想与情感的共鸣。

4. 练勇气

初次在公共场合发表讲话，尤其是不太熟悉的英语讲话，免不了脸红、口吃，甚至把要说的话忘掉。这要在实践中练习。要大胆地迎接听众目光，要有讲话的勇气，这要靠多进行公开讲话来锻炼。

音体美篇

对音、体、美没兴趣怎么办

少年儿童是很活泼好动的，多数少年儿童在学校里都喜欢音乐、美术、体育等学习活动。但也有些小朋友对这方面的学习不起劲，问他们为什么？回答说："没兴趣。"

这些同学为什么会对音、体、美"没兴趣"呢？据了解，原因是多方面的。有些小朋友性格内向，爱静不爱动，有些小朋友则相反，对于跑跑跳跳的体育活动很有兴趣，而叫他安安静静地坐下来学画画他就感到头痛。有个小朋友由于生来喉咙比较沙哑，他唱歌时同学们都要笑他，弄得他很尴尬，于是他就不唱歌，对音乐课也没兴趣了。

对音、体、美没兴趣的小朋友怎么办？能不能使他们对音、体、美产生兴趣呢？回答当然是肯定的！

古人云："爱美之心，人皆有之。"音乐、体育、美术是美育的一部分，每个小朋友的内心深处都是喜爱的，只是由于主观因素或客观条件限制了他们，使他们受到了挫折，于是他们产生了自卑感，认为自己"天生不是这块料"，因此逐渐对这方面"没兴趣"了。我们若要使他们对音、体、美产生兴趣，就要从主观和客观两个方面创造条件。在主观上使他们认识到兴趣并不完全是天生的，而是可以培养的。再说我们学习音乐、体育、美术，并不都是为了将来成为这方面的专家，我们学习它们主要是为了扩大知识面，开阔眼界，愉悦身心，陶冶情操。

做任何事都有一个开头，万事开头难，刚开始时唱不准音调，画不好线条，做不准动作，这些都是很正常的，不要畏难，不要灰心，要有信心和决心。"有志者事竟成"，只要能坚持下去，就一定会有进步。当然，在这同时，其他同学也要为他们的进步创造条件，对于他们的点滴进步，都要给予热情的鼓励，在班级里可开展小型画展、联欢活动等，帮助他们逐步提高对音、体、美的兴趣。

怎样培养音乐细胞

常会听到有的同学说："我肯定没有音乐细胞，所以唱歌唱不好。""我对音乐一点不感兴趣，大概是没有音乐细胞。"其实，对一个正常人来讲，音乐细胞人人都有，只不过有的人长得快些，有的人长得慢些罢了。那么音乐细胞到底是什么东西呢？音乐细胞一般是指"音乐的耳朵"。由于每个人"音乐的耳朵"有差异，所以他们对音乐的感受和理解程度也就不同了。例如同学们在欣赏同一部音乐作品时，有的同学听后就会感到非常优美动听，还能说出一些音乐作品表现的内容；有的同学听后只能简单地说很好听或不好听，而对作品的内容却不大理解。正如马克思说过的："只有音乐才能引起人的音乐感觉，对于非音乐的耳朵，最美的音乐也是没有意义的。"这里必须指出，"音乐的耳朵"不是一个人天生的，而是要靠不断的培养和训练。

我们认为，要培养自己的"音乐耳朵"，应该从以下 3 个方面做起。

1. 多学。要多学一些音乐知识来扩大自己的知识面。如乐理知识、民歌知识、器乐知识等。假如条件许可，最好还要学会一二种乐器。因为这些音乐知识都是培养自己的"音乐耳朵"所必备的条件。这就像要看一部小说，就必须要认识字一样。还要通过学习音乐知识来培养和提高自己学习音乐的兴趣。

2. 多听。要经常多听一些音乐，欣赏的面要广一些。人声唱的、乐器奏的古今中外优秀音乐作品都要听，还要听些民歌和戏曲，必须注意欣赏的音乐作品要适合自己的知识水平和欣赏能力，要使自己能听得懂、能接受和理解。遇到听不懂时，可以请老师或家长讲解一下。总之，要养成多听音乐的习惯。

3. 多练。无论是学习音乐知识，还是学习乐器和欣赏音乐，除了老师的指导外，还要自己不断地多想、多练、多分析。只有这样，才能使自己"音乐的耳朵"越练越好，使音乐细胞越长越多。

当然，对个别缺乏音高、节奏概念和听觉很差的同学来讲，只要能从上面讲的"多学、多听、多练"3个方面努力去做，相信也一定能使自己有较好的"音乐耳朵"。

想学乐器，不知道选哪一种好，怎么办

乐器可分为民族乐器和西洋乐器。所以，在选乐器前先要考虑好学民族乐器呢，还是学西洋乐器。同时还要考虑经济能力和身体条件如何。

为了使你选到较合适的乐器，下面介绍几件常用的乐器。

如果你想学"吹"的乐器，那么民族乐器中笛子最受欢迎。笛子分为长的"曲笛"和短的"梆笛"两种。近年来，还有专为少年儿童设计制造的"直吹笛"。直吹笛不需要粘贴笛膜，笛身上带有笛头，只要把吹口含在嘴里就能吹响，一学就会。西洋乐器中最轻便易学的"吹"的乐器是口琴。它有固定音高，价格便宜，目前中小学生中学吹的人很多。

如果你喜欢学"拉"的乐器，那么民族乐器中的二胡值得一学。二胡是一种拉弦，乐器音色柔和优美，表现力丰富，适宜演奏抒情的旋律。可以独奏，也可参加合奏和作伴奏。西洋乐器中"拉"的乐器要数小提琴学的人最多。它的音色优美明亮，在乐队中常常演奏曲调的主要部分。小提琴独奏是常见的器乐节目。

假如你想学"弹"的乐器，在民族乐器中不妨学弹琵琶。它的音色明亮，能演奏明快活泼、抒情优美和雄壮激昂等各种不同情绪的曲调。此外，

学习柳琴也不错，柳琴外形像琵琶，但体积要小得多，有人叫它小琵琶。它的音色清脆明亮，可独奏或合奏。西洋乐器中学吉他的同学也不少，可以独奏，也可以演出吉他弹唱。

这里还要向你介绍一种"打"的民族乐器扬琴。扬琴又叫打琴，演奏者手持两支琴扦击弦而发音。它的音色响亮，演奏技巧多样，是一种表现力非常丰富的乐器。西洋乐器中的森林琴也很受少年儿童的欢迎，常常用它来演奏欢快轻松、富有童趣的旋律。可用于独奏，也可作为节奏乐器使用。

最后向你介绍的是键盘乐器，如钢琴、电子琴、手风琴等，这类乐器的价格虽然比较昂贵，但学习的人数却不少，如果条件许可的话，可以选学。

初学口琴，不知从何学起，怎么办

目前，学习乐器的同学越来越多，而口琴这种轻便易学的乐器，更受同学们的欢迎。为了帮助初学口琴的同学入门，下面简单介绍一下学吹口琴的准备工作、方法和次序。

1. 学吹口琴的准备工作

（1）购买一只 C 调 24 孔的高音口琴。

（2）看口琴音阶排列图，了解一下口琴音阶排列的特点。（见下图）

低	5̣	2̣	1̣	4̣	3̣	6̣	5̣	7̣	1	2	3	4	5	6	i	7	3̇	2̇	5̇	4̇	i̇	6̇	3̇	7̇	高
	5̣	2̣	1̣	4̣	3̣	6̣	5̣	7̣	1	2	3	4	5	6	i	7	3̇	2̇	5̇	4̇	i̇	6̇	3̇	7̇	

吹吸吹吸吹吸吹吸吹吸吹吸吹吸吹吸吹吸吹吸吹吸吹吸

└── 低音区 ──┘└── 中音区 ──┘└── 高音区 ──┘

（3）为了帮助找到 do（1）音，可以在 do（1）音（从低音区向右数的第 9 孔）的盖板上贴一条小胶布。（见下图）

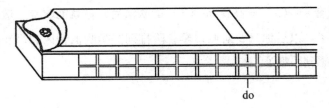

do

2. 学吹口琴的方法和次序。开始学吹口琴时都用单音吹法，就是把嘴唇收拢成小圆形，含住口琴的一个孔（上下 2 格），含孔的方法请看下图。

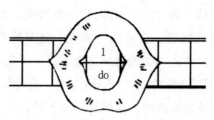

（1）先学吹中音区的 do（1）音，并练习"吹"的方法。

（2）学吹中音区的 re（2）音，并练习"吸"的方法。

（3）依次学会 mi（3）、fa（4）、sol（5）、la（6）4 个音的吹法。

（4）学吹 si（7）、do（1）两个音时，要注意口琴上这 2 个音的孔位是颠倒的（请看口琴音阶排列图），就是由于口琴的构造是吹吸相隔的特点造成的。

（5）学吹低音 si（7）。在学会和掌握了 do（1）～ do（1）的吹法后，接着是先学吹高音区的音呢，还是先学吹低音区的音？其实只要看一下口琴音阶排列图就会知道，应该先学低音 si（7）。因为中音区的 do（1）音左边一个孔就是低音 si（7），而高音 do（1）与高音 re（2）之间要相隔 si（7）和高音 mi（3）两个音，所以先学低音 si（7）比较容易。

（6）然后再学吹低音 sol（5）和低音 la（6）。

（7）当学会和掌握了低音 sol（5）～高音 do（1）的吹法后，再学吹高音 re（2）和高音 mi（3）。

（8）在学会低音 sol（5）～高音 mi（3）的吹法后，你就能吹奏一般的儿童歌曲和小乐曲了。以后你只要对照口琴音阶排列图学吹低音区和高音区的其他音，就不会感到困难了。

体育锻炼有哪些价值

　　起居有律，三餐定时，注意锻炼，能保持充沛的体力和脑力，去迎接学习、工作、生活，这已经为诸多长者的实践所证实。我们每个青少年可从老一辈革命家身上找到体育锻炼的价值。

　　这里向你们介绍几位古稀高龄的革命老前辈，他们年事已高，为什么仍能保持充沛的精力，肩负国家重任？一个重要的原因是他们生活有节，作息有律，锻炼有度。

　　年事已高的陈云同志，从 1953 年到 1979 年，他每天清晨洗冷水澡，坚持了整整 26 年。1980 年那年，陈云同志还每天上午坚持散步 30 多分钟，下午散步 20 多分钟，没有特殊情况，从不间断。晚上，他还做 10 多分钟的自编体操：伸伸胳膊，弯弯腰，转转脖子，做做深呼吸……他还喜欢在手里握着两颗核桃，不停地转动，借此锻炼手指关节的灵活性。

　　彭真同志 81 岁那年，还畅游北戴河，他时而仰游，时而蛙泳，时而踩水，还不时地与水中同游的同志聊天，彭真同志曾说："我一到水中，顿时忘掉了一切，身上的疲劳也就随之消失了。游一程，头脑清醒，精神爽朗。"彭真同志除喜爱游泳外，每天还坚持步行锻炼。他的充沛精力来自年复一年的体育锻炼。

　　李先念在古稀之年时，每日工作日程仍排得满满的。大地露鱼肚白色，时针刚过 6:30，李先念同志便开始步行锻炼，他每天坚持步行一个多小时，风雨无阻，从不间断。雨天，打着雨伞步行；刮风，顶着大风挺进。有一次不慎腰扭伤，他仍以顽强的毅力坚持步行。锻炼使他青春常在。

　　清茶淡饭，起居有时，锻炼有度，数十年如一日的生物钟有节奏地摆动，使德高望重的邓颖超同志在八旬高龄时，还为党工作。邓颖超同志的精力从何而来？她患有多种疾病，长征途中，身体受损伤，长期从事革命工作，积劳成疾。但她持之以恒，坚持不懈地进行体育锻炼，使她精力旺盛。她每日三操从不间断，清晨、午间和晚上，都要做身躯功能锻炼操，使颈部、腰部、腿部经络活动。锻炼给了她健康的体魄。

邓小平在1983年盛暑季节，顶烈日，畅游北戴河。那时，他在北戴河半个多月，每天上午都会抽时间游泳，有时白浪滔天，他胜似闲庭信步，游程有时达千余米。

少年朋友们，透过老一辈革命家的"起居有时，注重锻炼"的生活规律，你们看到了体育锻炼的价值了吗？请规范你的行为，增加你的健康投资，为了明天，做到生活有节，起居有时，行为有律吧！

怎样选择体育运动竞技项目

对体育运动有浓厚兴趣的小朋友，多么希望自己成为某个项目的佼佼者。那么，应该怎样选择适合自己的项目呢？

当今体育运动的竞技项目，已成为检验人类的自身能力和国家科学文化事业水平的标准之一，所以，要学会科学地选择专项运动项目。

小朋友们，首先要在学校里上好体育课，接受老师的指导和训练，努力参加田径项目的各种锻炼，因为这是各项竞技运动的基础。在锻炼过程中，培养坚韧不拔的精神，挖掘自身潜力，发现本人专长，还要多多征求老师和教练的宝贵意见。

另外，结合运动项目的特点、要求和本人所具备的一定天赋条件进行选择。当然，这也不是绝对的，有时也有例外情况。以下就介绍一些运动项目的特点，与对运动员身材、特点等某些特定的要求，以供参考。

短跑要求运动员跑的速度快，爆发力好。身材要比较匀称，腿要长，胸廓如筒状（圆身体），全身肌肉发达，皮下脂肪分布较均匀。

中长跑要求体质好，有耐力，速度快。身体要轻，大腿不宜粗，胸廓扁平，上下肢有力，腹肌较发达。小学生一般不宜练长跑，因为年小尚未发育好，运动量不要太大。

跳高弹跳力好。身材要高而轻，腿要长，重心要高，全身肌肉发达匀称。

体操运动员动作要敏捷灵活。其身材要矮，个子要小，上下肢有力量，这样有利于完成多周与多轴的复杂空翻动作。

游泳运动员要适应水中活动。要求身材为流线型体型。如身材高、肩宽、胸围大、腿长、臀部小等，并且最好躯干轻、手掌开度大、四肢发达。

篮球是一项高速、高空、高技术的比赛项目。现在世界上篮球队队员超过2米身高的可不少。要求运动员具备身材高大、胸廓宽大、手大、脚大等，还有腿长、小腿长、手臂长等。再有两小一细，即臀部小、踝关节小、腰要细的修长型身材。

足球运动量大，且足球技巧已从地上发展到高空，形成主体足球。要求运动员下肢肌肉群发达，躯干和四肢都要围度大（粗而圆）。

乒乓球要求运动员判断力强，反应快，在启动、摆臂、移动和方向变化等方面，都要突出一个"快"字。要求运动员有良好的专项速度和爆发力。

排球运动快速、多变，当今比赛时网上争夺很激烈，而身高往往成为占据网上优势的有利条件。要求运动员身材高而细，上肢长，特别是前臂长，体重适中，皮下脂肪少，并且反应快和动作敏捷果断。

打篮球缺乏技巧，怎么办

由于篮球运动的特点是速度快、强度大，对抗性强和争夺激烈，所以运动员必须要有良好的速度、弹跳、灵敏、耐力、力量、柔韧等身体素质。除了对身体进行全面的锻炼外，还要懂得一些常规的打篮球技巧。根据篮球比赛的特点是攻守反复交替进行，所以各种技术也相互联系，相互制约，相互促进。它包括脚步移动、传球、接球、运球、突破、投篮、防守、抢球等。

1. 脚步移动：控制好身体重心，通过各种快速、突变的脚步动作，达到进攻时摆脱对方的防守，防守时争取主动的手段。有侧身、变向、变速跑；跨步、跳足急停技巧；前转、后转、跨步转身；单脚、双脚起跳；侧滑、前滑、后滑步；碎、交叉、攻击、后撤、绕前、绕后步等。

2. 传、接球：进攻队员在向目的地（对方队篮架）投篮，往往是通过相互间传、接球的方式转移球的，传、接球是在双方激烈争夺下进行的，要求做到准确、及时、隐蔽、多变。有双手胸前、反弹、头上、低手传、接球、运球中推拨传球、向后传球等，单手领接球，胸前、低手、肩上、体侧、肩上向后、勾手、背后、运球中推拨、点传球等。

3. 运球：持球队员在原地或脚步移动中用手连续拍按在地上反弹起来的球，以达到控制球、突破对方防守和战术配合创造有利的进攻机会。有高、低、变速、体前变向、背后变向、胯下变向运球，还有运球转身等。

4. 投篮：是得分的直接效果体现技术，也是主要的进攻技术，提高命中率必须掌握（1）手法的准确是与全身力量协调运用；（2）锻炼正确的瞄准；（3）使球出手后有飞行弧线；（4）学会运用球的旋转。投篮动作和方法很多，大致可分单手、双手两大类，又可分在原地、行进间、跳起和跳起转身等的投篮。

5. 防守：运用脚步移动和手臂动作，阻挠和破坏对手的进攻动作，以达到夺得球为目的。破坏不持球对手的接球能力，伺机夺球；阻挠和干扰持球对手时，占据对手与球篮之间的位置，要既能举臂阻封传球、投篮，又能移动堵塞对手的运球突破，伺机夺球。可采用抢、打球技术，防止对手假动作的诱惑。

6. 抢篮板球：在投篮不中（球碰篮板或篮圈）时，双方争夺控球权的技术。这与球员抢占的位置、起跳的动作、空中的抢球动作和抢球后的动作等有关。身材高、跳得高是重要的，但还要掌握球弹出的方向规律和正确判断球的落点。

打排球有哪些规则和技巧

"排球"，因运动员安排站立而得名。排球运动起源于美国。1895 年，威廉·摩根创造了一种用篮球胆作球，把人们分站在球网的两侧，双方用手把球托来拍去的游戏。由于球胆很轻，球在球网的两边空中飞来飞去，大家觉得很好玩。在半个世纪里只是作为一种娱乐活动而没有正式比赛。这就是排球运动的雏形。排球运动真正成为世界性体育竞赛项目是在 1948 年国际排球联合会成立以后。

排球运动的历史虽然很短，但技术、战术和风格等水平提高和形成之快是令人吃惊的，而且还在不断地出新，让人眼花缭乱。现在让我们认识一下排球场上的比赛：

1. 排球运动

球用皮制，内是一个橡皮胆，圆周为 65～67 厘米，重为 260～280 克。球场长 18 米，宽 9 米。中间横隔球网（男高 2.43 米，女高 2.24 米）。比赛时分两队，每队 6 人，各占半个场区。运用发球、垫球、传球、扣球、拦网等技术相互攻守。球必须在空中互相还击（不能落地）。对方击过网（包括拦网成功）的球，如不能在 3 次内还击过网或运动员有持球（球在手上停留）、连击（一人连拍 2 次）、触网等，都算犯规。如对方发球则判对方得分；如你方发球则判对方获发球权。比赛以 15 分为一局，五局三胜制。

2. 打排球的技术

（1）准备姿势和移动步法：两脚作略宽于肩的开立，全神注视球的运动轨迹，两膝弯曲内扣脚跟提起，身体重心在前脚掌与拇指根部，上体前倾，接球时的移动步法有并步、跨步、跨跳、滑步、交叉步、跑步、后退步等步法。

（2）发球：排球比赛中的进攻手段之一，可以先发制人，强有力的攻击性的发球可以直接得分。发球时向上抛球要稳，击球时用力和方向要准。由于击球手法不同，出球性能也不同。一般有正面上手发球（可发出上旋、下旋，左旋或右旋球）、勾手大力发球（力量大、出球快而平直）、正面上手飘球（球在空中飘晃）、勾手飘球等。

（3）垫球：接发球和后排防守的主要技术动作。主要有正面双手垫球、体侧垫球、跨步垫球、正面低姿势垫球、背垫球、单手垫球、前扑垫球、滚翻垫球等。

（4）传球：最基本的技术动作。上手传球是组织进攻的第二传，主要任务是易于控制球，准确性高。也就是称之为"二传手"。

（5）扣球：进攻的最有效的方法。一个队的攻击力往往取决于扣球的技术水平。有正面扣球、勾手扣球和我国传统打法的快球，其中有短平快等。

（6）拦网：是防守的第一道防线，是反攻的重要环节，也是得分的主要手段。可以单人拦网，也可以集体拦网。

小朋友，你可以在学会看懂排球的同时，积极去参加排球运动。

找不到打乒乓球的窍门，怎么办

乒乓球19世纪起源于英国，当时只是一种游戏，只是将有弹性的球像打网球一样在桌上打。发展到现在已成为世界各国人民喜爱的运动项目。它是在中间隔有横网（网长183厘米，高15.25厘米）的长274厘米、宽152.5厘米的球台上进行。球的直径37.2～38.2毫米，重量2.40～2.53克，白或黄色，用赛璐珞或塑料制成。比赛时运动员各站球台一端，用球拍（木制，上粘胶皮或海绵加胶皮）隔网击球。球须在台上反弹一次后才能还击过网，以落在对方台面上为有效。比赛以21分为一局，采用三局二胜或五局三胜制。

打乒乓球技术：

1. 握拍　（1）直拍握拍法：正手攻击有力，但反手不易起拍。（2）横拍握拍法：照顾面广，可攻可削，反手攻削有力。

2. 击球的方法：挡、抽、削、搓、拉等。

（1）攻球：具有速度快、力量大等特点。（2）推挡球：用左推右攻打法，特点是站位近，动作小，球速快。（3）弧圈球：这种打法往往使对方击球出界或出高球。（4）削球：是防守技术，通过球旋转和落点的变化，使反攻得分。（5）搓球：还击下旋球的措施。（6）发球：选合适位置，按自己意图发出各种各样的球。（7）杀高球：动作大，力量重。（8）放短球：回球快，落点近网。

乒乓球运动员要判断快，反应快，启动快，摆臂快，移动快，运动和方向变化快。比赛分团体、单打、双打等。

怎样学会游泳

音体美篇

1. 滑行：两脚在水中前后开立，双臂向前上举做深呼吸后，头部入水双脚蹬离池底（或池壁），利用蹬力使身体成流线型向前滑行 1～2 米，重复做 8～10 次。

2. 打水：（1）俯卧水中，手握池槽，髋关节展开，膝关节伸直，踝关节放松。用两直腿交替上下打水，每次 1～2 分钟，重复做 3～4 次，再练屈腿鞭状打水。（2）用力蹬池边滑行做直腿和屈腿的打水。两臂伸直并拢，打水时腿部要放松，重复做 8～10 次。

3. 划水：站在浅水区，两腿开立，上体前屈。（1）在水中用直臂做单、双臂交替划水动作，两臂各重复做 20～25 次。（2）在水中用屈臂划水，推水后的空中移臂时，肘要高于手，重复做 20～25 次。（3）水中行走做直、屈臂的划水动作，每次行走 20～30 米，重复做 2～3 次。（4）蹬池边滑行，做双臂水中划水动作 6～8 次。

4. 水中呼吸：游泳中的呼吸是非常重要的，不掌握正确的方法，会影响游距，会引起恐水心理，会使情绪紧张。要练好（1）呼吸练习：水中站立，在水面上深吸气后闭气，蹲入水中用嘴鼻同时吐气。慢慢起立，在嘴接近水面时吐完余气，并立即再吸气，再入水，这样做 5～6 次；站在水中，上身前倾，两手扶膝，脸部入水，做侧转头呼吸，侧转头时嘴鼻出水面吸气后闭气，头转入水中吐气，重复做 10～15 次。（2）手臂部和呼吸的配合：水中站立，手臂部要"入水滑下屈划水，臂出水后快移臂"。左手臂入水时，并指提肘。随后吸气后转头入水，用嘴鼻徐徐呼气。手臂入水后与水平面成 50°左右，进入最后的划水阶段了。手用力快速地划至肩下、腰腹时，头部侧转呼出余气。肩部带动肘、臂出水，张嘴吸气。移臂至一半时，吸气结束，开始又转头复原。右手臂入水后头部也转向前下方，又开始呼气。蹬边滑行时同样也可甩上法练习。（3）腿臂部和呼吸的完整配合：一般是 6 次打腿 2 次划臂的组合动作。两臂各划水一次的过程中做一次完整的

呼吸（吸、闭、呼气）。选择从齐胸的深处向浅水作蹬池底的滑行游进为宜。

小朋友，你如果按照以上的顺序，努力练习的话，相信你一定会很快学会游泳的。

学游泳，怎样注意安全

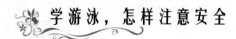

学游泳，必须根据自己的身体状况和各自的能力来进行。为使每次游泳，既感到舒适，又能保证安全，一般应注意以下几点：

1. 患有某些疾病或病后体弱者不宜游泳。如心脏病、中耳炎、癫痫、发烧等患者以及患有传染性疾病的人，都要暂停游泳，以防加重病情或传染给别人。

2. 女同学在月经时，切勿下水，防止感染妇科病。

3. 在剧烈的活动后，或满身大汗时，不要立即入水。要稍作休息，待体力恢复和汗水被揩干后，才可下水游泳。否则，因骤冷骤热，使皮肤的汗孔突然收缩，体温突然下降，容易引起抽筋和发病，很不安全。

4. 学游泳，一般消耗机体的能量较大，特别是学冬泳者，在初练时，游的次数与时间不宜长和多，一定要逐步加大运动量。

5. 饭前饿时、饭后饱时、睡前困时，都不宜下水游泳。因为会影响消化和睡眠，有碍健康。

6. 游泳前，按教练要求，做好入水前的准备动作。如先在空地上做体操活动，让头颈、腰背、四肢各个关节都经过充分的运动。将脚先入水，然后用水浇头、浇身，适应水温后，再全身下水。尤其在冬泳时，更应如此，以防发生意外。

冬泳出水后，不能立即进入高温室内或近火烘烤，要立即用干毛巾揩干全身，及时穿好衣服，活动一下四肢和身体，以恢复体力。否则，容易引发关节炎、感冒和其他疾病。

另外，学冬泳要在夏天时开始锻炼起，并坚持下去。到冬天时，早晚

如何培养学习兴趣

用冷水洗脸、擦身等，可增强抗寒能力。

7. 游泳前，要正确了解水池地形和水情，切忌盲目下水，或去深水处，更不要随意潜水，避免出意外事故。

8. 为了保障安全，同学们不要到没有救护人员和设施的地方去学游泳，一旦发生事故，无法进行急救处置。

怎样提高短跑的速度

短跑是田径运动的基础，它包括男子 100 米、200 米、400 米，女子 100 米、200 米，但对少年男女来说，均为 60 米。

1. 起跑

一般采用蹲踞式起跑，为两脚能牢固地支撑，可使用起跑器。听到"各就位"后做几次深呼吸，两脚分别踏上前后的起跑器，后膝跪地，四指并拢与拇指构成八字形，双手拇指相对，虎口向前，除小指外其余各指用第一指节触地，双臂伸直，两手距离与肩同宽或稍宽，重心前移。听到"预备"口令后，抬起臀部，集中注意听枪声。听到枪声后，两手离地，两腿几乎同时蹬起跑器，双腿摆动要有力，再配合双臂的协调有力的摆动，用力把身体往前送，逐渐使充分后蹬的腿向前上方移，用前脚掌着地。这时，两臂摆幅增大且有力，步长也要不断加大，步频也渐加快，自然地向途中跑过渡。

2. 途中跑

它相对起跑而言是最长的距离，是跑出成绩的关键距离。既要进一步提高起跑时所得的速度，并尽可能地用最快速度跑到终点。跑的时候，头要正对前方，两眼向前平视，上身保持直立或略向前倾。两臂要以肩关节为轴，轻松有力地前后摆动，腿的摆动也要大，和两臂的摆动互相配合协调就能增大摆动幅度，步长也能加大，自然而然得到步频的提高，最后得到了速度的提高。

3. 弯道跑

在跑 200 米和 400 米的时候，就有一半的距离是要在弯道上跑的，所以跑好弯道也是至关重要的。如今的跑道一般是环形的，运动员要沿着跑道逆时针方向跑。据说，现实生活中的"右撇子"占绝对多数，右手灵活，把活动量大的右手置于外侧，左脚为"轴"进行运动、转弯，右脚就成了主要运动的脚，在转弯时，身体自然向左倾斜，使左脚成了主要支撑身体的重量，帮助了左转弯，这时人的右肩高于左肩，右臂摆幅大于左臂的摆幅。在快离开弯道时，身体要逐渐过渡到正常姿势，但不要突然改变，否则会影响速度的。

4. 终点冲线

在快要到达终点前，要有一段终点冲线跑。要以全身的力量，顽强的毅力冲向终点。在离终点的最后一步时，上身迅速前倾，以胸部或肩部接触终点带。

中长跑有哪些窍门

什么是中长跑？它是田径运动中，锻炼耐久力的主要项目，是中距离跑和长距离跑的简称。对成年人来说，中距离跑有男子 800 米、1500 米，女子 400 米、800 米，长距离跑有男子 5000 米、10000 米，女子 1500 米、3000 米。

不过，据医学界认为，儿童尚属幼稚之体，四肢、百骸的功能均未发育完全，不宜练长跑。另据美国小儿科学会研究资料，儿童练长跑所产生的持续冲击震动，会使骨骼受到损害，不利健康；同时，儿童的耐热、耐寒能力也较差，热天容易出汗过多，冷天容易受凉感冒。所以，提出 12 岁以下的儿童，每次跑程不得超过 1000 米，跑的速度也不能太快。在儿童期只能适当地安排一些耐心训练，并要循序渐进。每次练时，不宜过多、过重。

小朋友可根据自己的年龄、体质和训练基础，适当选择跑程的距离。

如何培养学习兴趣

以下介绍些中长跑的窍门，以供参考。

1. 起跑

一般采用站立式（只有女子 400 米采用蹲踞式）。800 米以上的起跑，在发令前，运动员站在起跑线附近。听到"各就位"口令后，做两次深呼吸，慢跑到起跑线后面。把有力的一只脚放在前面，后脚的前脚掌放在离前脚跟约 20 厘米的地方。上身前倾，两脚弯曲，重心在前脚上，后脚同侧的臂在身前自然弯曲，前脚同侧臂放在身后，眼看前方。当听到起跑枪声令时，后脚迅速蹬地并用力朝前摆动，同时前脚用力蹬直，两臂要协调有力地配合下肢动作前后摆动，上身渐挺起向前冲出，占据一个有利位置。

2. 途中跑

其强度小于短跑，脚着地柔和而有弹性，两脚要落在一条直线上。由于距离长，体力消耗大，人体对氧气的需要量不断增加。因此必须要掌握正确的呼吸方法。一般都采用口、鼻同时进行呼吸，有节奏地二步一呼、二步一吸或三步一呼、三步一吸。

3. 终点冲刺跑

指临近终点的一段快速跑。一般情况下，800 米跑可在距终点 150～200 米时开始冲刺，3000 米以上跑可在离终点 300～400 米时开始冲刺。

冲刺跑对取得好成绩是重要的，它要运动员有顽强的意志，集中身体的全部力量冲向终点。

4. 比赛战术

这是运动员在比赛时所采用的跑法。这要根据运动员的体力情况来决定。一般有：

（1）匀速跑：这种跑法速度均匀，跑的节奏和呼吸频率平稳。适宜于有良好的速度知觉和自我控制能力的人。

（2）变速跑：匀速和突然加速交替进行的跑法。每段距离的跑速快慢的变换具有相对的稳定性和规律性。这种跑法能量消耗大，步伐和呼吸节奏多变，适宜于具有一定的训练水平和体质良好的人。它常被用作破坏"匀速跑"和"跟随跑"对手的战术。

（3）跟随跑：在比赛中紧跟特定的对手，最后以较快的冲刺跑战胜对手。适用于冲刺能力较强的人。

（4）领先跑：起跑开始就占据有利位置，全力奔跑，坚持一路领先到最后冲刺。适宜于耐力好的人。

（5）领先跑和跟随跑交替进行：这是一种时而领先、时而跟随的跑法。在对手用力加速时，改为跟随跑；对手放慢速度时就超越领先。

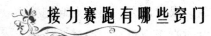

接力赛跑有哪些窍门

小朋友们可能在很小的时候就会组织起来"接力跑"了，比如几个小朋友排成人数相等的两个队，两队的排首拿着接力棒（也可以用别的物品）在裁判的鸣哨声响后，开始奔向同样距离的地方马上折回，迅速把棒交给第二位。这样，两队所有的小朋友都跑完，先跑完者为优胜队。这是在小朋友当中当做游戏玩的。当你渐渐长大，去参加运动会时，那就要求严格了，接力跑也是个重要项目，男子有 4×100 米，4×400 米，女子有 4×100 米。现举 4×100 米不换手接力跑为例：

1. 接力赛跑全程是由 4 个人组成，根据每个人的特长分配位置，让起跑好、善于跑弯道的人跑第一棒；灵敏、速度好、善于跑直道和传接棒的人跑第二棒；速度耐力好、传接棒好、善于跑弯道的人跑第三棒；速度最好、意志顽强、冲线好的人跑第四棒。

2. 第一棒在 400 米起点处起跑。用右手的中指、无名指和小指握接力棒的后端。将拇指与食指分开并用指腹和其他 3 个手指的指背撑在地面，全神贯注听号令枪声。其他 3 个接棒人都站在各自的接力区后端或标记线里，十分注意接棒时机的到来。传接棒的动作要既迅速又准确。方法有"下压式"传接：传棒人将近接棒人时要发出信号，接棒人伸出手臂，四指要并拢，虎口张开，掌心向上。传棒人小臂伸出，将棒的前端放入接棒人手中。接棒人握好棒后，传棒人松手。"上挑式"传接：主要区别在手臂自然伸向后下方，四指并拢拇指分开并靠近体侧，掌心向下。传棒人的手上挑，将棒传到接棒人手中的。

3. 传接棒时的配合非常重要，3 个接棒人在传棒人距自己 40～50 米时，用站立式（与中、长跑站立式差不多，但头要向后看）或半蹲式（两腿一前一后开立，两膝半蹲，用一手支撑地面，头向侧转，眼从肩侧往后看）做好接棒准备，当传棒人跑到标记线时，接棒人立即沿跑道一侧向前跑出，当传棒人相距 1.5～2 米时，传棒人发信号，接棒人伸出手接住棒。传接棒的动作都是在高速度中进行，并在接力区里完成。

4. 由于 4 个人传接棒是在不换手中进行，所以第一棒用右手传棒，沿跑道的里侧跑；第二棒用左手接棒，沿直道的外侧跑；第三棒同第一棒。第四棒同第二棒。

跳不高，怎么办

跳高是单脚踏跳，越过垂直高度的运动。姿势有跨越式、滚式、剪式、俯卧式、背越式。由助跑、踏跳、腾空过杆、过杆落地 4 部分动作组成。

1. 助跑：在跳高前，你必须站在起跑点目测助跑距离和横杆的高度，做几次深呼吸以稳定情绪，集中精力。助跑一般为 6～8 步，是快速有力的踏跳必需基础。前 4 步均匀加速，后 4 步降低重心跑。

2. 踏跳：是跳高的关键环节，使人体尽力向上腾起的基础。它发生在助跑的最后一步。

3. 腾空过杆：依靠踏跳腾起的高度使躯干越过横杆。（1）俯卧式：侧面直线助跑，踏跳腿靠近横杆。踏跳脚蹬离地面后，全身向前上方飞进并旋转，使在杆上成俯卧姿势过杆。（2）背越式：用弧线助跑，身体向圆心倾斜，踏跳后在横杆上成背对横杆地越过横杆。

4. 过杆落地：当人体腾空后，身体继续转动成背对横杆的姿势。摆动腿的关节放松，踏跳腿蹬离地面后就自然下垂，肩继续向后伸展，头和肩先过杆，同时尽力挺髋，在杆上成俯卧略成反弓的姿势。挺展髋部的动作一直做到臀部过杆。过杆的臂做向前向下压的动作，然后借助向后弓身的反弹作用，把还未过杆的两腿上举而使其过杆。过杆后的身体下落用背着地。

撑竿跳高跳不好，怎么办

撑竿跳高是借助竿子的支撑，并在竿子上完成一系列动作后跃过横杆的运动。竿子可用竹竿、金属竿、尼龙竿。用不同质地的竿子撑竿跳的技术也不同。现以金属竿的撑竿跳高为例，以左脚起跳的步骤：

1. 持竿助跑：右手握在竿的上端，大拇指在竿的外侧，其余四指在竿的内侧，以虎口轻轻压住竿子；左手握在右手下端 50 ~ 70 厘米处，大拇指在下，其余四指在上，以拇指托住竿子。以全速助跑，胸部正对前方，尽量减小竿子的晃动。

2. 插穴起跳：助跑到最后三四步时，在跑速不减的情况下，把竿头降到水平，到最后二步时把竿子举向前上方，靠近右肩上方时，用右腿支撑，通过垂直部位将竿子前移，左手向右手滑动至两手间距离 10 ~ 15 厘米时，右脚用力蹬地，双臂举竿。左脚落地时，双手举至头的前上方。竿头插穴，蹬地挺胸，身体成反弓形。

3. 悬垂摆体：起跳离地后，转入竿上悬体和摆体动作了。身体随竿子摆起，胸部靠近竿子，腿放下，臀部前送，收腹举腿，臀部迅速上升。然后上体后倒，再收腹举腿，肩部离竿，竿子靠近身体左侧。

4. 引身转体：竿子置于最大弯度后开始伸直还原。利用摆体和竿子反弹力，使身体继续向上摆起，完成后倒举腿动作。当臀部举到与肩并齐时，借助摆速向上拉臂引体，同时转体，在竿上成屈臂倒立支撑姿势。

5. 越杆和落地：小腿已举过横杆，两臂向下推竿，利用被压弯竿子的反弹力将身体腾起到更高度。两臂向上举，使头和臂过杆。下落时，小腿放下，当脚落地时要屈踝、膝、髋关节以缓冲。如落地失去平衡，要顺势做柔和滚动。

铅球推不远，怎么办

推铅球看似简单，可是，要推得远，却要掌握一定的技巧。

推铅球比赛时，必须在直径2.135米的圆圈内进行。球一定要落在40°扇形区内。运动员开始试掷后，身体不能触到投掷圈上或圆圈外的地面。在球出手后，再从投掷圈的后半部走出。推铅球步骤：

1. 握球：手指自然分开，把铅球放在食指、中指和无名指的指根上，将大拇指和小指扶在球的两侧，把球放在肩上锁骨窝处，贴着颈部。

2. 预备：握好球，背对投掷方向，与握球同侧的脚尖抵住圆圈后沿，重心落在此腿上。另一条腿在后面用脚尖点地，这条腿同侧的上臂上举，上体正直，眼看前下方，准备就绪。

3. 滑步：为使推球用力获得速度。

4. 最后用力：滑步至最后一步是握球手的异侧腿用力蹬伸，臂和肩向投掷方向牵引，上体抬起，重心也随之移到此腿上，形成支撑点。这时抬头、挺胸、转肩、推臂，全力将球推出。

怎样养成良好的画画姿势

不少小朋友在作画时，常常注意力集中在如何作画上，往往不注意作画的姿势。如有的小朋友喜欢把笔捏得紧紧的，怕它会逃走似的；有的爱将桌上的画纸、画册随便移动等。久而久之，养成了一些不好的作画姿势，欲想纠正，却很费劲了。所以自幼学画时，就应养成良好的画画姿势。

1. 作画时坐的姿势要正确。请选择高矮适宜的桌椅。坐时，臀部要全部坐在凳椅上，上身保持正直，不能曲腰弓背，两腿稍分开，双脚平放于地上。身体与桌边约保持10厘米左右的距离（一拳之隔），头略向下低，眼睛与画纸相距30厘米以上。视点要固定，左手按住画册的左下角，右手执笔画画。这样既利于保护视力，又利于看清整个画面，能提高观察和画画的准确性。

2. 要将画册或画纸放得平正，并与桌子（课桌）方向一致。这点很重要，因为在纸上画横线（水平线）、竖线（垂直线）时，都是以画纸的边为标准。如果把纸放斜了，画出来的横竖线或物象形状就会不正确。当然画纸的边框线也要正规、正确，否则画线时无标准可依了。

另外放正画纸后，不能随意移动，千万不能像有的同学那样，当画横线时，将画册竖过来，来一个横线竖画；当画竖线时，又将画册横过来，又来一个竖线横画。看来方便，其实是养成了一种坏的作画习惯，妨碍作画水平提高和画画的准确性，是非常有害的。

3. 执笔姿势要正确。执铅笔的方法，是用大拇指和食指捏住笔杆，用中指第一节托住笔杆，无名指与小指紧靠在中指的下面。手指距离铅笔芯尖约3厘来。执笔时，手臂肌肉要放松一点，不要将手腕手臂紧压在画纸上，以便让手指、手腕、手臂灵活自如地运用作画。

如果执笔时手指离笔尖太近，或执笔太直，手就容易挡住作画人的视线。而作画人为了看清自己的画画，自然而然地会俯下身子或歪着头去看，或者移动画纸，所以应尽量避免。

执彩色铅笔与水彩画笔方法，一般与执铅笔方法相同。

学画素描，线条画不好，怎么办

线条是素描造型的基本条件，不管哪种造型方法，都离不开线条的运用。刚开始学习素描，线条画不好，是绘画中常见的问题。由于用力的轻重、握笔姿势不同，画出来的线条，往往出现一头粗、一头细，一会儿曲、一会儿直的毛病。为此，要很好地练习画线条，以便早日做到画具到手，即能运用自如。要画好线条，一般要做到以下几点：

1. 握笔姿势要正确。直握笔如平时正确的写字握笔姿势；横握笔则要求大拇指和食指捏住画笔的左右侧，然后中指、无名指、小指相继紧靠食指。

2. 练画线条时，注意用力要均匀。用力重，线条就粗浓；用力轻，线条就细淡。练习久了，功到自然成。线条粗、细、浓、淡都能听小朋友"使唤"了。

3. 线条之间的衔接要自然，不要有粗细、浓淡的痕迹。做到基本上保持浓淡一致。

4. 画好线条，关键在于按照正确方法多多练习。练习画线的方法，一般采用以下几种：

（1）练习画自左向右方向的水平线段，按从上到下顺序紧密排列，做到线条用笔方向明确。

（2）练习画自上向下方向的垂直线段，按从左至右顺序紧密排列。

（3）练习画自左下方向右上方的斜线线段，按顺序紧密排列，注意方向一致。

（4）画正弧线、反弧线，按顺序紧密排列。

在以上4种画法练习基础上，可以进一步分别运用这些方法，练习从深到淡，从浅到深等线条，以及由淡至深，由深至淡，深浅渐变紧密排列方式的画法。也可适当拉开线条之间的距离，以排列的画法练习。

还有斜线段，紧密不同的排列交叉练习，和正反弧线条，紧密不同排列的线条交叉练习。

小朋友在练画线条时，可要有耐心和持之以恒的毅力啊！通过刻苦地练习，就能逐步画出浓淡、虚实、曲直、刚柔、粗细等多变的线条，达到丰富线条的表现力，更好地表现出所画物体的体积感、质地感和空间感等。

学画素描不知从哪种形式开始练习起，怎么办

初学素描时，该采用哪种形式练习好，这是很重要的问题。因为学习素描和学习其他任何学科一样，都要遵循由浅入深、由简到繁、循序渐进的学习原则。

素描的表现形式虽然多种多样，但归纳起来基本上分为3大类：明暗立

体造型、线面结合造型、线条造型。

1. 明暗立体造型，也称块面造型。以三度空间（即上下、左右、前后的长宽、深的空间距离）为其造型特征，利用光影的变化规律，表现物体的距离和深度，使物象具有真实的立体效果。明暗造型是利用明暗"三大面""五大调"来塑造形体的。

2. 线条造型，也叫结构造型。它不注重明暗法，而是运用轻重、浓淡的线条来造型。表现形体结构的前后虚实的变化，着重研究物象各部分几何形体互相之间的组合关系。

3. 线面结合造型，就是用线与面结合起来塑造形体结构。即以线条为主，适当施加明暗，不强调过多的明暗变化。背景空白，不涂明暗，利用线面的转折变化，表现物象的立体感。

以上 3 种方法，都是素描练习的基本方法，而初学素描，最好选择线条造型的方法。因为不管哪种造型方法，从开始起稿都要用线条来确定物象的轮廓，所以开始最好学习线条造型练习，这对打好造型基础是十分有益的。在具有一定的造型能力之后，再进行线面结合的练习和明暗立体造型练习更佳。

写生时不会摆静物，怎么办

摆静物，是绘画写生练习中常遇到的问题。怎样摆好静物，对写生画面效果起着重要作用。

摆静物首先要进行物体的选择，不是生活中什么物体都能作为写生的对象。物体的选择，主要要注意以下几个方面：

1. 内容的联系

摆一组静物时，应对所用物体有所选择，不能乱摆一通，像个大杂烩。摆的内容要明确，以什么为主体，以什么为陪衬，都要做到心中有数。摆的内容，还要适合人们一般的生活习惯和欣赏习惯，使主体与陪衬有联系，做到合情合理地搭配。例如摆一组以早餐为主题的内容，用大方面包作为主体，牛奶、鸡蛋、餐盆之类的东西作为陪衬，是合适的。如果将砂锅、酒罐也摆进去，那就不伦不类了。

2. 形状的联系

摆静物时，要注意物体的形状。如高与低，厚与薄，长与短，宽与窄，方与圆，大与小，粗与细等。一组静物不能什么形状都有，要选择有代表性的形体特征，合理搭配。例如，摆一组文具用品，将各种大小厚薄的书组合在一起。从形体上分析，都属于六面体，雷同单调，缺乏形的对比。如将书与地球仪、铅笔盒、墨水瓶等相组合按形体分析，这组静物中有六面体、球体、圆柱体的组合，便可做到形体上有变化而不单调。如在这组静物中，放进橡皮块，那么大小的比例，就显得差距过大。总之，要采用各种形状不同的物体组合，达到表现语言丰富，画面节奏感强。

3. 色彩明度的联系

所谓色彩的明度，就是色彩的明暗程度。生活中的每一件物体，都有它本身的颜色，而且具有不同明暗的色彩。如有的物体颜色深重，有的物体颜色浅淡。因此，摆静物时，要注意到物体颜色深浓、浅淡的固有色（物体本身颜色）搭配，这些因素的处理，将直接影响到画面的黑白灰效果，而且在一组静物中过于深重的或过于明亮的物体要少些，大部分物体应是中灰或浅灰一点为好。同时要注意黑白的位置和面积大小，黑白要集中，前后穿插，相互衬托。根据摆置静物的固有色，如物体偏重灰色，静物背景衬布颜色要淡些；如物体偏重淡灰色，静物背景衬布颜色要呈深灰色。总之静物摆置中要注意各物体所形成的对比，和黑、白、灰色块的均衡关系，使画面有明度层次变化。

4. 质感的联系

摆静物时，要注意质量的选择。例如，光滑、粗糙、轻重、厚薄、曲直、刚柔等各种物体质感的对比要恰当地配置。不要将同类型的物体，如将玻璃杯、玻璃壶等摆在一起，这样缺少质感的对比效果。

根据静物摆置内容进行物体的选择以后，还要注意物体的组合。也就是怎样将经过选择的物体进行合理的摆置。摆静物要考虑到主次物与物之

音体美篇

间，要有聚有散的疏密关系，有前有后，有高有低，有大有小，相互呼应和均衡，使主次物体之间形成不等边的三角形（摆到熟练后，可采取多种构图形式），力求整组静物中，形状对比、质地对比、黑白对比合乎情理，求得多样统一的艺术效果。

摆好静物以后，还要考虑光源的投射方向，可采用自然光和灯光，如选用灯光（对初学者合适），灯的位置离物体不要太远，远了光线弱，形体模糊；但也不要过近，近了光线强，黑白反差大，亮部中的中间层次少。灯一般距物体 1 米。当然还要根据具体情况而定。

摆置静物是种艺术创造，要讲究构思立意。要下番功夫，动动脑筋，反复推敲，使物体的组合合情合理，并符合构图要求。

画静物素描时，怎样涂明暗

明暗造型画法，是素描练习的一种方法。在画素描静物时，除了要知道什么叫"三大面""五大调"外，还要养成正确的观察、分析，掌握涂明暗的一般规律。

物体明暗的产生，一是光的照射，二是物体本身固有颜色作用，才使静物中的每个物体色调呈现出不同的明暗。

因此，在画画前，首先要认真观察所要描绘物体的明暗变化，然后按照"三大面""五大调"的规律，和一组静物中的主次关系，加以分析比较地去涂明暗。也就是什么地方要粗略地涂，什么地方要仔细地涂，以正确表现物体质地、结构、背景以及整个画面的明暗关系。为说明涂明暗的一般规律，举例说明如下。

如以圆柱形物体为例：它在光照下，在其表面会产生很复杂的色调。然而经过分析概括，不外乎"五调子"，即亮面、暗面、灰面、明暗交界线和反光。

其中，明暗交界处，既是明暗转折的地方，也是暗部中最深部分，正是表现体积的重要部分。随着物体面的变化，在明暗交界线，也有深、浅、宽、窄、虚虚实实等的变化。所以，涂好明暗交界线，基本上就抓住了表现明暗、转折的关键部分。这样，就可以避免色调紊乱和缺乏和谐统一的感觉。

还有 3 点需要注意：1. 暗部处的反光，一般将亮于明暗交界线；2. 反光的色度，一般不超过中间色最深的部分；3. 物体在强光照射下，所产生的反光，将会亮过中间色中最深的灰色调。

至于那些不同质地的物体，各有不同的明暗调子。如光滑、坚硬的金属、玻璃等物体，一般在面与面转折部分，常常亮与灰面的色差大，形成特别亮的亮点。而那些毛糙、柔软的木质、台毯类的物体表面，往往反光不强，因此，亮面与灰面的色差就小。

涂好明暗面的学问是很多的，小朋友只有多画、多临摹、多钻研，才能有真正的体会。

怎样选择静物写生的写生角度

在进行写生练习时，正确地选择写生角度是很重要的。如摆好一组静物后，不能一坐下来就画，或随便站到哪里就在哪里画。这里首先有个选择写生角度的问题。因为从写生的各个角度来看，会产生不同的画面效果。有些角度会产生直构图，有些角度只好横构图，还有些角度可以说是不入画的（物体重叠）。因此在写生之前，选择一个理想的角度，对画面效果起着至关重要的作用。

一般静物摆置都在人的视平线以下。如果写生台（桌面）较高，那么就站着画比较好；如果写生台较低，可坐着画。因为这样画，能使画面中的物体占据画面空间的幅面多些，而物体之间的遮挡会减少些，画面显得饱满。

反之，如果人的绘画视线与写生台面水平一样高，所画物体就会成重叠排列式，影响画面效果。

所以在选择写生角度时，首先要注意画者视线不能与写生台面水平线的高低太接近。一般人对着静物的写生角度，最好正对着静物摆设时所形成的理想绘画角度。即使自然光（或灯光）照射整组静物形成 2/3 受光，1/3 背光，并使人距离静物 1.5 米以外，这样，显得较为拿理。

总之，要想获取理想的画面效果，一定要学会选择合适的写生角度。

素描写生时，怎样分清主次关系

在素描写生中，根据练习课题要求，所写生的对象总要有主次之分。倘若不分主次，眉毛胡须一把抓，面面俱到，很容易使画面杂乱无章，显得单调呆板，缺少艺术性。因此，在进行静物写生之前，首先要明确一组写生物中，什么是主要的，什么是次要的，正确对待主次描写。

所谓主次关系，就是主体与陪衬关系。主体就是画面主要描写的物体，而陪衬是画面描写次要物体。主次关系的描写明确了，画面主题就突出鲜明。如写生一组静物，凡是主体的物体，要详细刻画，甚至与主体有关系的细节特征，也要突出描写，加强整个主体特征的渲染力。凡是次要的、与主体无关的细节，可以加以概括综合，去粗取精，以求突出主体。

素描写生时画不准轮廓，怎么办

轮廓是一幅画的基础、根底。打轮廓就是用线条来确定内外轮廓的基本形体。轮廓线必须要明确。轮廓的准确性，要靠正确的观察判断和正确地运用辅助线。

在写生前，对所画的对象，要进行仔细的观察、分析，研究物体的造型特征，用几何形的观察方法，从大处着眼，将复杂的形体简化。还要观察物体的内外轮廓线。只有整体的观察、比较，才能将轮廓画准。

在素描写生中，一般打轮廓阶段多用辅助线。所谓辅助线，就是在起轮廓时，确定基本形体而采用的校正视觉误差、定形的临时符号线。这些符号线有垂直线、水平线、切线、斜线、曲线、弧线、中心线、动向线等。这些辅助线，对画准物体各部位比例、形体、动态起着重要作用。

物体的外轮廓，是由许多大小、长短、凹凸、起伏不同的点、线、面所构成的。而这些点、线、面，又是由若干曲线、弧线构成的。在画轮廓线时，不要被这些曲线、弧线所迷惑，要注意大的直线的倾斜度，并运用辅助线来校正轮廓。尤其是外轮廓都是由斜线构成基本形的，所以要用直线起轮廓。要画准这些斜线，要用垂直线、水平线贯穿物象形体各部位的关系去检验。

起轮廓时，画好的辅助线暂时不要擦掉，免得擦伤画纸或弄脏画面。待涂明暗时，这些辅助线便会被覆盖上了。

学习色彩画，应怎样调颜色

学习色彩画（水彩画、水粉画等），首先要学会调色，并在学习色彩画的过程中，加深对色彩的了解，掌握调色的规律，并运用这些规律，调出准确的颜色。

要学习调色，首先要了解关于色彩的一些基本常识。下面就色彩的有关概念解释如下：

原色——色彩中最基本的颜色，如红、黄、蓝三色。

间色——由两个原色相调配而成的颜色，如红加黄调合成橙色，黄加蓝调合成绿色，红加蓝调合成紫色。间色只有这3种，也叫二次式。

复色——多种颜色重复调配而成的颜色。

对比色——色环上直径两端相比的颜色。

同种色——色相不同明度的颜色。

类似色——色环中90°以内的颜色（含共同色素）。

色素——组成某一色相的最小微粒，这种色彩的微粒就是色素。

同类色——两种以上颜色，其主要色素倾向比较接近，如红色类（米红、大红、玫瑰红），含红色素类。

补色——三原色中任何两色相混，所得的新色与另一原色互为补色，也称作余色。如绿与红、黄与紫、橙与蓝。

固有色——物体的基本色彩倾向，如蓝色的天空，红色的苹果，黄色的梨。

色相——颜色本来的面貌。

色彩倾向——指某一部分色彩的趋向是冷、暖、鲜、灰等，一幅画一般总是有色彩倾向的。

色性——色彩的性质。如冷暖不同色性，蓝色给人以冷的感觉，红色却给人以暖的感觉。

环境色——也叫条件色。指物体所处的环境色彩的反射影响，如白衬衫旁边的红领巾，白衬衫就受到红领巾的红颜色影响，似乎白衬衫已不是纯白的颜色了。

光源色——光本身的色彩倾向。如早晨或傍晚的太阳光，倾向橙黄色。

调和色——金、银、黑、白、灰等色，起加光加亮作用。

色彩关系——在色彩的配合中，色与色相互影响，产生了复杂的色彩关系。如冷暖、鲜灰、明度、调和、对比空间关系等。

从以上一些色彩概念中，我们可以知道从三原色可以调出三间色，还可调出各种复色，以及更多的颜色。但生活中的美术作品，其色彩千变万化，归根结底主要由 3 个因素组成：1. 色相——前面已作解释；2. 明度——色彩的明暗度，是一种颜色的深、浅或加进黑、灰所起的变化程度；3. 纯度——色彩的纯净程度。颜色鲜艳、饱满，纯度就高，反之就低。

如果小朋友对色彩三要素的各自作用和相互关系有了认识，那么，对色彩感觉和调色能力，也就会提高一步。

自然界的色彩是极丰富的，用有限的颜色，去调出无限丰富的色彩世界，就要求我们不仅要懂得色彩混合的规律，还要多多地进行调色练习。

颜色的混合特点是越混越灰，且色彩容易脏污。一般色彩用两三种颜色即可调出，应尽量减少调混颜色的种类，保持应有的色彩纯度和一定的色彩倾向。

练习调色有多种方法：

1. 将一种颜色用水调稀，或加白加黑，能调出多种不同层次的颜色。

2. 用两种颜色按不同比例混合，可产生许多新色和层次。

3. 用不同的黄和蓝，不同的比例，可调出不同的灰色，其他色依次类推。

调各种灰色，可用多色相混合，也可用对比色相混合，也可与黑色相混合，只要方法正确，可以调出更丰富的颜色来。

附录：考试技巧

怎样正确对待考试

正确对待考试的态度：

1. 要获得好的成绩，但不做分数的奴隶。一般而言，分数高低，是学习好坏的一个重要标志，但这有个前提，高分应该是建立在对基础知识深刻理解，对概念、定义、定律、公式、法则、词汇、写作等的灵活运用的基础上。只有这样，高分数才能和知识的获得、智力的发展相一致。

2. 把考试作为提高的新起点。正常的考试像镜子一样，反映出学习的真实情况。考试中暴露出来的问题得到了认真的解决，在此基础上又向前迈进了坚实的一步。

3. 一次失败不等于永远失败。人人都会有考试失败的经历，这并不可怕。关键是能不能从失败中总结经验和教训，争取在下一次考试中成功。如果因为一次失败而失去信心，那就真的是要永远失败了。

4. 加强对自己能力的培养。现在，考试往往重视能力的测试，而不仅仅是靠背诵就能得高分的。所以，要想在考试中获得好成绩，就必须加强对自己能力的培养，这也是社会的一种需要。

5. 以科学的态度参加考试。有些同学平时成绩很好，可一到考试，特别是大考时就发挥失常，这是考试态度不端正引起的。正确、科学的态度应该是把考试看成对所学知识和能力的检查，成功了，说明自己前一段学习效果好；失败了，现在补救还不晚。以科学的态度参加考试，一般都能发挥正常水平。

考试中如何发挥出最佳状态

对于水平高的同学，在知识体系较完善时，首要的任务就是考虑临场发挥。1. 要有信心，相信"一分耕耘，一分收获"的道理，树立必胜信念。2. 考试过程中要沉着、冷静，遇到容易的试题不可大意，遇到难题也不要慌。3. 考完一科放开一科，不要惦记考过科目的好坏，不去与同学对答案，集中精力应付下一科的考试。4. 要具备整体眼光，大考最重要的是总分，单科失误不要着急，只要整体成功就达到目的了。对于成绩不太好的同学而言，则要立足拼搏，一场一场地拼，以期考出最好水平。

考试期间应采用哪些临时性保健措施

考试期间，同学们一直处于紧张疲劳之中，如果是夏天，天气炎热，更容易患病，这对考试极为不利。所以，要注意身体的保护。下面介绍几种临时性保健措施：

1. 考前一个月内坚持每天口服维生素 C 10 毫克，确保体内有足够的维生素。

2. 考试期间，不宜吃得过饱，不要吃刺激性食物，饮食应以清淡为主。

3. 每场考毕，家长、老师不要过多询问考生的考试情况，考生也不要和同学们对答案或进行比较，应尽量放松。上午考完后，要抓紧时间休息，备战下一场考试。家长不宜在中午时间内过多打扰考生。

4. 女生在高考前要计算一下考试期间是否是月经期，如果是，应和家长、医生商量一下，做好各种应急准备。尤其是平时月经期身体有不适者，如有痛经或其他不良反应者，事前做好各种准备，以免到时手足无措。

5. 做好预防各种疾病，特别是传染病的准备。

只有做好各种准备，才能取得好的考试成绩。

考试前应做好哪些准备

复习备考时付出了许多劳动，为的是在考试中取得好的成绩，但多日的劳动也许会因为一时的疏忽而付之东流。因此，考试前还应做好以下准备工作：1. 提前核实考试地点，不要等到考试当天早上才去到处找考场，免得因不能按时找到考场而引起不必要的惊慌，以致不能准时到场，影响答题时间；2. 搞清考试时间，准时到达，免得匆匆忙忙，坐到考场半天了还静不下心来；3. 在考试前一天晚上保持一个清醒的头脑，不要为了多温习一点功课而导致自己在考场上头昏脑涨；4. 在考试的前一天晚上，要准备好考试时使用的钢笔、墨水、手表，以及允许带进考场的其他用具、表格等。

"临阵磨枪" 行不行

判断"临阵磨枪"是否正确，要用辩证的方法。一方面，我们认为"临阵磨枪"是下下策，不是学习的好方法。"临阵磨枪"有可能带来好的成绩，但那也只是暂时现象，知识很快就会从头脑中"跑"掉，更危险的是这一表面成绩会给一些同学造成假象，被眼前的成绩所迷惑，沾沾自喜，心满意足，不利于学习。从另一方面来说，"临阵磨枪"也有可取之处，平时把枪磨好了，临上阵前再抛抛光，就会好上加好。

事实上，每个同学都难免"临阵磨枪"这一行为，那么，怎样利用好"临阵磨枪"呢？

1. "临阵磨枪"有时也会考出好成绩，但同学们不能被眼前的假象所蒙蔽，应该在学习不太紧张的时候再次复习。

2. "临阵磨枪"属于短时记忆，记得快，忘得也快。短时记忆的印象不深，因此事后要反复记忆，变短时记忆为长时记忆并加以保存。

3. 考试前的短时间内，使用"临阵磨枪"，先把思路理清，把知识点归纳一下，按重点、次重点逐级分开，从重点开始依次往下复习。这样，即使时间不够了，没复习完，剩下的也是不太重要的知识。试后再对这些知识进行系统学习，这样的"临阵磨枪"是有效的。

总之，知识的掌握要靠平时的积累，通过"临阵磨枪"学到的知识是不扎实的，采用上述方法就是为了在一次"临阵磨枪"之后尽量避免或少出现"临阵磨枪"的现象。

怎样克服考试怯场症

为了争取好的考试成绩，克服考试怯场等综合征，我们可以从以下几个方面去努力：

1. 正确对待考试。考试时不要有思想包袱，放松心情。正确客观地估计自己的实力，不能估计过高，但更重要的是不能把自己实力估得过低，给自己造成心理压力。进考场前不妨使用一下阿Q的精神胜利法，也就是要自己给自己打气。比如说："我是某某，一定能考好……"这种心理暗示会有助于减轻紧张情绪。

2. 考试前要在注意劳逸结合的基础上进行认真的复习，把所学过的知识真正弄懂，做到考试时胸有成竹，自然就不会发慌了。

3. 考试时有一种现象，本来不难的一道题，自己却怎么也摸不着门路，不知从何下手，这样很容易焦躁不安，以致影响后面的题。这时应该先放弃这道题，接着做下去，到最后再来思考这道题，这样即使仍不会做，也可以保证别的题目不受干扰。

为什么关键性的考试会发挥失常

有些平时成绩拔尖的同学，在一些关键性的考试（如数学竞赛、升学考试等）中反而比不上成绩中等的同学。这是为什么？怎么办呢？

1. 好好回顾一下自己的学习情况。有的平时成绩拔尖的同学，对知识的理解未必是深刻的，平时并不是依靠对知识的真正理解来取得拔尖成绩，而是靠死记硬背得来的。而到关键性考试时，如果考题"多了几个弯"，这些同学就不灵了。这样的同学要多阅读一些课外补充读物，多动脑筋，使自己的思维更加灵活一些。

2. 检查一下自己有没有骄傲自满的情绪。成绩好的同学，往往容易产生自满情绪，即使到了关键性的考试，也满不在乎，打无准备之仗。这样一碰到困难，心一慌，连应该做出的题目也做不出了。希望你记住：骄傲使人落后。

3. 要以"平常心"对待考试。成绩拔尖的同学，可能会受到"要保住好学生地位"的无形压力。如果因此造成思想负担的话，会影响能力的正常发挥。要以"平常心"对待考试，思想放开些，以坦然的心态对待考试，才能发挥出正常的水平。

考试时怎样审题

审题是答题的基础。如果审题出了差错，答案就不完善，甚至产生答非所问的错误。那么，怎样审题才好呢？

1. 审题要抱着严肃认真的态度。任何题目，在没有弄清题意之前，不要仓促作答。对于大题目，要反复思考，认真琢磨，弄清题目的逻辑关系和层次关系；对于小题目，也不要粗心大意，马虎草率。

2. 要掌握好题型特点和解题规律。例如选择题，有单一、多项、配伍、填空等形式，有要求选出正确或错误答案的。这类题是由题干和备选答案所组成，备选答案包括正确的和错误的选项，错误的答案设置了迷惑性的干扰，通常不易发现。审题时，先审题干，弄清答题要求，再审备选答案，通过对比，找出各项间微细差别，仔细分析，排除干扰，辨清正误，逐项筛选。例如："下列一组句子中，只有一句没有语病，把它选出来。A 我们应当发挥知识分子的充分作用。B 我们应当充分发挥知识分子的作用。C 我们应当发挥充分的知识分子作用。"从题干可知这是单一性选择题，要求选出正确的答案。再审察备选答案，通过对比，可以看出各项的差异在于"充分"在各句中的位置不相同，这是解题的关键。然后逐项分析，看各句在用词或词语搭配方面有无毛病，就能筛选出正确的答案应该是 B。

3. 仔细分析，找出隐含条件。有些题目答题条件不很明显，需要分析题内提示性的语言才能明确。例如："从白居易《琵琶行》里选出描写月色的句子填在横线上。"这是一道填空题，题中"描写月色的句子"提示了答题条件：（1）描写对象是月色，不是月；（2）表达方式是描写，不是叙述、议论或抒情。选出来的诗句，每句都必须符合上述两个条件，缺一不可。

4. 有些主观题目答案有较大的灵活性，且要求有创造性，如作文题需要在充分理解题意的基础上展开联想，从多角度去思考，才能把握住题目的关键。例如："以《镜子和诤友》为题写一篇议论文。"这是命题作文，题目里只列出"镜子"和"诤友"两个概念。审题时先要找出两个概念间存在什么关系：镜子能照出人们的容貌，诤友能对友人直率地提出意见，两者有相似点；诤友是本体，镜子是喻体。明确了两者的关系就抓住了答题的关键所在，从"诤友"内涵着眼，联系生活实际，可以提出多种看法作为本文的中心论点，如：（1）镜子只能让人看出外表的污秽，诤友能使友人看到内心的尘垢；（2）诤友能直率地提出规劝，促使友人进步；（3）诤友的直言规劝是外因，外因要通过内因才起作用；（4）诤友也有不足之处，要正确对待诤友等。然后选定一个中心论点统率全文基本内容。这样的审题，可避免产生离题的毛病。

审题是一种认识能力的实现，要经过反复的训练才能熟练地掌握。所以复习时应多做一些审题的练习，注意掌握好解题的一般规律，考试时才不会在审题上手足无措。

答题前为什么要阅读一下全部试卷

刚一看到试卷，即使是准备很充分的同学，也难免会有些紧张，会感到一些把握很大的内容没有出现，而出现的题目看起来似乎很难。因此，答题之前最好花点时间来阅读一下整张试卷，注意卷面上所有关于题目的要求等。

动手做任何一道具体题目之前，都要非常认真地将它通读一遍，务必正确地理解这个题目。在每一个题目中都要找出那些"关键性"的词语，比如"论述""概述""比较""简述"等，务必确切地理解这些词的涵义。

下面是一些考试中常用的术语。你应掌握每个术语的确切含义。

填空：根据所给的上下文，填上最恰当的字或词。

选择：出现一个问题，并给出若干个可能的答案，要求你从中选出正确的答案来。

定义：写出一个词或词组的确切含义，而且有必要写明在不同场合下，这个词或词组的不同意思。

判断：给出一组命题，要求你根据所学的知识判别其正误，若是错的，有时还要求你改正。

论述：以辩论、探讨或争论的形式来进行研究，要表明赞成与反对的态度。

举例说明：用实例、图表进行解释或说明某种现象、原理等。

证明：为所得出的结论或决定提出充分的根据。

简述：写出某事物的主要特征或基本原理，省掉次要细节，突出结构和排列。

怎样科学地分配答题时间

科学地分配答题时间，是考生临场发挥好坏的一个重要因素。

1. 分配答题时间的基本原则是保证在能得分的地方绝不丢分，不易得分的地方争取得分。心中应该有"分数时间比"的概念，花 10 分钟去做一道分值 10 分的大题无疑比用 10 分钟去攻克一道分值 1 分的选择题有价值得多。

2. 合理安排时间。答题前浏览全卷，大致了解试卷的类型、数量、分值和难度，进而确定各题目相应的解答时间。在答题过程中，要注意原来的时间安排，如一道题你计划用 5 分钟，但 5 分钟过去后如果一点眉目也没有，你可以暂时跳过这道题；但如果已接近成功，延长一点时间也是必要的。

3. 时间安排勿墨守成规。分配时间要服从于考试成功的大目的，灵活掌握时间，不要墨守成规。时间安排只是大致的整体调度，没有必要把时间精确到每一小题或是每一秒钟。在时间安排上要留有 5～10 分钟的检查时间，但若题量太大，而且你对做题的准确性把握较大时，检查的时间可以缩短或去除。

被题目"卡"住了怎么办

有的同学考试时，被一道题卡住了，十分紧张，往往影响整个考试的过程，甚至连一些会做的题目也做不出来了。有的同学被难题卡住后，越做不出越要去做，结果在规定的时间里来不及做其他题目了。考试时碰到不会做的题目怎么办？

1. 不要紧张，冷静下来。考试题目不会是平时都做过的类型或熟悉的题目，有些题目就是要考查你的知识运用能力、思维能力、分析能力。遇到有些题目做不出是正常情况，要保持冷静，不要乱了"章法"，连会做的题目也做不出来了。

2. 事先要有心理准备，注意安排做题顺序，遇到不会做的题目，一时做不出，就暂时放下，先做容易的、会做的题目。容易的做出来了，信心就会增强，有些难题也就可能解决了。

3. 换一个角度想想，不要走进死胡同。有些难题并不难，关键是你没想到。这时，你需要仔细分析题意，弄清题目的要求，从不同的角度，寻找解题线索，从中找出解题的途径。

经过反复思考，仍不能解决难题，而时间已到也只好作罢。但如果是选择题，也要写上一个答案，说不定能"碰"对。考完试后对那些未解决的问题还是要寻根问底，这样今后就不会再被类似的题目卡住了。

作文写不完怎么办

中小学生由于缺乏经验和系统训练，不能合理控制考试时间，往往前松后紧。在语文考试中，表现在作文写不完，这是一个普遍现象。

要克服这一毛病，首先要合理安排好考试时间，根据平时写作情况安排一定的时间来完成作文，因为作文的分数很高，写不完作文，那么这次考试就算失败了。

考试时万一发生写不完作文的情况，千万不要紧张，赶紧用一两句话结束上文，再用一两句话或点明主题，或呼应开头作为结尾，这样，不会只交出一个"半成品"。几句结尾的话也许就能把全篇文章"救活"了。

怎样攻克"难题"

在考试中，难题一般应放在最后去攻克。难题一般分值较高，往往决定一次考试的成绩，所以，攻克难题是相当重要的。那么，怎样学会攻克难题呢？

1. 树立信心。任何一次考试都有难题，所以在考试中遇到以前未见过的题型是正常的。如果没有难题，大家都会做，也就区分不开考生的成绩好坏了。实际上，"难题"也是相对的，它不可能很难，也是在考试大纲的范围内的。所以，只要做好思想准备，增强自己解决难题的信心和勇气，相信自己能解决困难，"难题"也就不难了。

2. 正确运用解题思路。有的题目本来不难，但由于解题思路不对，也就变成难题了。换一种解题方法，换一个角度去看问题，全方位地考虑问题，上挂下联，瞻前顾后，左顾右盼，提高思维的灵活性与应变能力，千方百计去寻找解决问题的方法。这样，"难题"就可能迎刃而解了。

怎样克服考试中粗心的毛病

很多同学都有粗心的毛病，干什么事情都马马虎虎、丢三落四的。粗心的不良习惯会给我们的学习、考试和以后的工作带来很多的麻烦。当然，粗心的毛病与中小学生的年龄段是有关系的，中小学生由于年龄所限，做起事来考虑不周，所以做出的事很难尽善尽美。要想克服粗心的毛病，生活中要做到有条理、有秩序，做事情也要有条不紊。

在考试中，粗心会带来严重的后果，许多同学因为粗心而丢掉分数，后悔不已。克服考试中的粗心，要做到：

1. 做试卷要按部就班，从看到做，要经过审题、联想、解答等步骤。看到题目不要马上动笔，要看清题目的要求，这样可以防止所答非所问。而且要结合题目联想所学过的知识，尽量用简单的方法解题。最后是解答，特别是在做数学时，要注意运算的正确，写准确正负号等。要做到快而不急，忙而不乱。

2. 做完试卷后，不要急于交卷。平时粗心的同学，做完题后一定要仔细检查，看答案是否符合题目要求，运算是否正确。

据调查，粗心的同学多数易冲动，少耐心，这些同学在学习与生活中，要注意培养自己的耐心与恒心，这样你一定会彻底改掉粗心的毛病。

第一门考试没考好，应该怎么调整情绪

第一场考试之后，同学们一般会出现以下3种心态：镇静型、骄傲型和灰心型。后两种心态对以后的考试是极为有害的。怎样才能使以后的考试不受第一场考试情绪的影响呢？

1. 简单分析一下第一场考试没考好的原因。如果是心情紧张，应当积极放松自己，卸下不必要的心理包袱；如果是准备不充分，就要抓紧时间复习下面的几门功课。第一场考试已成定局，后悔已无用，要把心思用在

以后的考试中。

2. 与同学们在一起时，避开考试的话题，特别是不要急于找同学对答案，谁的答案都不一定准确。和同学们谈一些开心的事，忘掉考试中的不愉快，把第一场考试的结果放在一边，把注意力迅速转移到下面几场考试中去。

3. "在哪里跌倒就要在哪里爬起来"，要迅速恢复发挥自己正常水平的信心和决心。

4. 在重大考试中，语文都是第一门考试的科目，每个考生都要正确估计自己的水平。如果你的语文是弱项，有一些题目答错了也是正常情况，不要认为自己考得不好而影响情绪。同时要想到，自己考得不好，也许是题目太难，别人也未必如愿。这样，心态也许就会平衡些。

总之，尽快从第一场考试的失意中走出来，发挥自己的正常水平，成绩才能有所提高。

考试时平时会的题目一时想不起来，怎么办

在考试中常常可以看到，有不少同学因回忆不起应考的内容而急得满脸通红，甚至是满头大汗，本来是很熟悉的题目，这时却完全想不起来了，而且是越想不起来越着急，越着急就越想不起来。但又不甘心放弃不做，结果既耗费了时间，题目也没做好。出现这种现象的原因不外乎两方面：1. 平时尽管会做，但未掌握方法或记忆不牢，时过境迁，当重新见到时，"似曾相识"，但记忆模糊，想不起来当属正常。2. 由于情绪过度紧张而引起的心理失常现象。据心理学家分析，学生易在重要的考试，如高考中出现"怯场"，这是由于他们害怕高考失败，因为他们认识到高考成绩直接影响自己一生的前途，这种紧张的情绪刺激大脑皮层，阻碍了皮层上已形成的暂时神经联系的再次接通。这样，本来很熟悉的东西由于大脑皮层的抑制而难以再现。

那么，怎样才能使平时会做的题目在考试时都能正常发挥呢？心理学

家提出了一些有效的建议，同学们不妨试试：

1. 情境联想法。考试时，当遇到本会做的题目想不起来时，不妨静下心来想想这个题是在什么情景下曾经识记过，是课堂上老师在黑板上写过的，还是课外自己在书上看过的；是作业上做过的，还是和同学讨论过的。有时还可以把词、句放进整个课文中去联想它们的含义和用法。联想还远不止这些，有时可由原因想到结果，由整体想到局部，由一事物想到和它相近或相反的其他事物，通过这些方法，可以帮助我们回忆。

2. 自我暗示法。做题目时，当注意力不集中，做这个题目总念念不忘另外的题目或事情时，不妨在空白草稿纸上写上"不许走神"或"专心，别走神呀"。有的同学把考试看得过重，担心自己考不好，碰到这种情况，最有效的办法是告诫自己"我一定能行"。有了这种自信心，就可以调动大脑神经细胞的积极性，提高大脑的工作效率；相反，缺乏信心，认为自己不行，必将引起"真正的健忘"。

3. 转换变通法。如果有一个问题实在想不起来，不妨转换一下思维方式或解题方法，若实在一时做不出来，不如干脆将其放在一边，千万不能钻牛角尖，那样很容易在大脑皮层形成一个兴奋区域，引起相关区域陷入抑制状态而影响解题。

发现考试时间不够了，怎么办

目前，笔试试题的特点，从形式上来看，有客观试题和主观试题之分；从内容上来看，主要是知识覆盖面广、题量大，读题时间较长，没有太多的时间来思考作答。因此，要有充分的心理准备，考试时必须注意支配好答卷时间，以免造成前松后紧，使自己处于被动地位，影响了考试成绩。

一般来说，答卷时，不一定按题目顺序作答。原则是先易后难，遇到生疏的需要较长时间思考才能解出答案的试题，不妨放到后面去做。解答主观题时，观点要明确，主要观点不能漏掉，先想好答案的腹稿，才动笔去写，避免重做或做错的修改而浪费时间。

如果发现考试时间不够，千万不要急躁，应该让自己保持稳定的情绪，免得乱了方寸，频出差错，影响了答卷的速度。也不要以为大局已定，不再主动争取时间完卷，而应更加合理地使用剩余时间。例如：放弃经过多次思考也确实无法解答的题目，以便把有限的时间用来完成自己有把握或正在解答中的题目；先解答分数比重大的题目，后答分数比重小的题目等。

总之，越是感到时间不够，越要保持头脑清醒，才能冷静地分析临场具体情况，想出好的办法补救。

答好试卷后时间多余，怎么办

对于同学来说，考试是学习中必不可少的环节。考试时，有部分基本功较好的同学，答好试卷后，时间仍会有剩余。时间多余怎么办呢？概括起来说多余的时间可用来复查试卷。根据时间剩余的多少，复查试卷可按下列程序进行：

1. 复查非答题内容

（1）复查试卷要求填写的准考证号、座位号、姓名、学校等是否填写及填写是否正确。

（2）核对试卷的页数是否齐全，有无漏做的一页或两页。有位同学在考试结束铃响时才发现有一张试卷放在桌子的抽屉里未做，再做已来不及了，真是后悔莫及。

（3）核对试卷中每题分数的总和与试卷应得总分是否吻合。即使是高考试卷也有漏印一页的情况，核对总分即可发现有无漏印的题目，防止无端失分。

上述复查只需两三分钟即可完成，但效益却很可观。

2. 重点复查答题内容

（1）检查标准化答题卡有没有涂写及涂写的符号与自己所做的答案是否一致。学生在答题时未涂答题卡或涂写错位的情况是屡见不鲜的。

（2）侧重复查逆向选择题，如"下列结论不正确的是""下列说法错误的是"等之类的题目，防止因思维的松懈答题时选择了正确的选项。事实上在考试时，这类题目的错误率是比较高的。

（3）若复查时发现答案有问题，不应立即更改，应该从其他角度加以理解核对后，方可改正，以防把正确答案改错。

（4）复查自己答题时那些吃不准的题目。重点复查关键的答题过程是否符合题意。

（5）复查分值较大、过程较多的题目。若为计算题，看是否可从其他途径进行核对验算，确保答案准确无误。

当然复查试卷时应注意力高度集中，防止流于形式，应把复查试卷作为提高考试成绩的一种手段。假如注意力分散，复查试卷的效果就可能适得其反，令自己后悔莫及。

考试成绩总不如平时好，怎么办

考试是同学学习中的一个重要环节，它是每个同学平时学习效果的检查和总结。有些同学平时学习成绩还不错，而到重要考试时却常常发挥不出水平来，总是为不应有的失分而痛心疾首，后悔不迭。为什么呢？这就涉及应考准备、考场发挥、考后分析等应试技巧问题。

要获得较好的成绩，可以从下列几方面着手：

1. 正确对待考试，明确考试目的。考试对学生来说，只是为了检查学习效果，以便查漏补缺，弥补所学知识缺陷，提高学习能力。所以考生应把考试看做一次检阅自己水平的机会，是一次难得的锻炼与挑战。这样当你走进考场时就能精神饱满、轻松愉快、信心百倍。

2. 冷静自信，轻装上阵。考试前不要去猜测考试的成败，要充分相信自己，相信自己平时的努力是可以取得理想成绩的。古语说："夫战，勇气也。"信心就是力量，信心就是胜利。

3. 对自己的期望和要求要实事求是。要想考出水平，主要靠平时努力，临时抱佛脚、脱离实际的期望是不可能实现的。考前要调整自己的心理状态，尽可能发挥自己的最佳水平。不切实际的过高期望和要求，只会增加无益的精神负担，引起精神过分紧张、情绪激动，影响目标的实现。

4. 把握技巧，提高应考能力。考试时注意力要高度集中，做到听得认真、看得仔细、做得细心；要了解考试的具体要求，熟悉试题的形式和答题的规范；审题要仔细，不漏不错；书写清楚规范且尽量快；要合理安排时间，先易后难，难题放在最后做，试卷做完后要认真检查。如有"怯场"现象，要冷静沉着，可伏在桌上休息片刻，或回忆一些有趣的往事等。

5. 考前注意休息并参加适当的体育活动。考前要有充足的睡眠时间，让大脑得到休整和恢复。白天要适当地参加体育锻炼，消除大脑疲劳。

6. 考后要进行分析与总结。考试后不能仅仅看一看分数多少，而要分析和总结一下自己在这次考试中的成败原因，错的要更正并找出错误原因，对的要思考是否还有更好的解法。最后总结一下自己学习上存在的主要问题，制定出改进的措施。

关键性考试发挥不正常，怎么办

有些同学，平时学习认真，成绩不错，可碰上关键性考试，如期末考试、毕业会考、学科竞赛等，有时又会发挥不够正常，考不出应有的水平。出现这种情况，懊恼和沮丧可以理解，但如果因此泄气，对学习失去信心，则是不可取的。

考试是检查学生对某一阶段所学知识的理解和掌握的程度，有时一次考试并不能代表一个人的整个学习情况，更不能预示未来。瓦特幼年在学校里功课也不好，同学骂他"笨蛋和无能"。爱因斯坦上小学时，老师认为他"智力不佳，反应迟钝"。后来由于他们勤奋好学、刻苦钻研，瓦特发明了蒸汽机，对全球工业革命产生积极的推动作用，爱因斯坦则成为 20 世纪最伟大的科学家。那么，关键性考试中发挥不正常应该怎么办？

1. 振奋精神，把压力变为动力。正确的态度是不气馁、不服输，从失败中站立起来，变被动为主动。如认真分析试卷，总结失败原因；请老师指点迷津，找出存在的问题；主动向家长亮丑，表明自己的态度和决心。这样，就可以甩掉沉重的思想包袱，使自己振作起来，精神饱满地投入新的学习中去。

2. 找出问题，扎扎实实地克服缺点。也就是说，把主动焕发出来的进取精神变为刻苦勤奋的自觉行动。比如，试卷中填空题失分较多，这说明基础知识和基本概念掌握不牢，今后上课要认真听讲，课后要加强复习，防止留下"夹生饭"。如果是因为考试时感到时间紧而使计算题留有空白，说明自己运算技巧差、运算方法不熟练，平时要在独立思考的基础上多做习题，加强训练。如果是不该错的题目做错了，往往是审题草率、粗心大意所致，今后要引以为戒，在平时学习中加以克服。

3. 制定切实可行的奋斗目标，一步一个脚印前进。奋斗目标要具有一定的难度，但经过努力是可以实现的，即所谓"跳起来摘果子"。

另外自信心不强、得失心理较重，也是关键考试发挥不正常的重要原因。所以考前要注意调节自己的心理状态，加上平时学习扎实，考试时成竹在胸、从容答题，关键性考试中发挥不正常的现象也许会很少，甚至没有了。

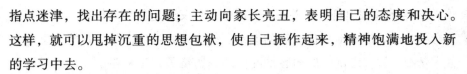

父母定的考分标准太高达不到，怎么办

时下，不少父母每每给上学的孩子定个考分标准，并附以考高分得重奖的允诺，而那个得重奖的考分标准又不容易达到。这便给不少同学带来了许多烦恼。我们应该从以下几方面去对待这个问题：

1. 切实理解父母的用心。父母定下考分标准，是想激励子女向上攀登；标准定高些，是想子女步子迈大些、迈快些。要知道跳一跳才摘到的桃子比伸手就摘到的桃子吃起来更香甜。从这个角度多想想，就会体会到父母定下考分标准，是关心鼓励子女学习的一种要求和愿望。体会到了父母这点良苦用心，也就无须去埋怨父母太"狠"，标准定得太高，某些"反感"情绪也就能自我化解了。

2. 准确地找出自己的差距。有时达不到父母定的考分标准，也要客观地分析自己，准确地找出自己的不足。每次考试过后，要认真回顾上课和复习情况，以及考试时的解答情况。某一题错了，是审题不清，还是解题粗疏；是概念模糊，还是知识生疏。原因找到了，也就不会责怪父母考分标准定得太高，因为自己确实存在着不少差距。

3. 正确认识自身的成长。人在成长过程中，要有一个明确的层次较高的奋斗目标，而任何人的目标实现都不是一帆风顺的，前进的路上总会有这样那样的坎坷荆棘，学习也是这样。在某一阶段，成绩上升幅度不大，或者没有上升，这是正常的。在没有达到父母定下的考分标准时，既不要埋怨自己无能，叹息自己永远达不到，又能把父母的考分标准和自己的暂时失利转化为一种动力，脚踏实地，一步一个脚印地朝着自己的奋斗目标走下去，走到底。

4. 积极探求科学的方法。在某一阶段，学习目标没有达到并不可怕，"吃一堑，长一智"，认真总结经验教训，探求适合自己学习的科学方法。在学习过程中，首先要学会积累。"不积跬步，无以至千里"，知识的系统性、完整性，靠的就是平时一点一滴的积累。其次要坚持不懈。"锲而不舍，金石可镂。"定了目标，就要认准目标，执著地去追求，花力气拼搏到底。另外还要用心、踏实。预习、听课、复习、作业都要用心专一，环环相扣，一步不让，一着不虚，并在这个过程中，努力提高自己的心理素质和思维能力。

综上所述，我们从这几个方面去思考，去努力，就能消除烦恼，增强自信心，最终实现自己的学习目标。